F. A. V.

Lapis offensionis, das ist Verletzungs-Stein

Oder Sonnen-Klare Entdeckung des irrigen Lutherischen Haubt-Articuls

F. A. V.

Lapis offensionis, das ist Verletzungs-Stein
Oder Sonnen-Klare Entdeckung des irrigen Lutherischen Haubt-Articuls

ISBN/EAN: 9783337199302

Hergestellt in Europa, USA, Kanada, Australien, Japan

Cover: Foto ©ninafisch / pixelio.de

Weitere Bücher finden Sie auf **www.hansebooks.com**

LAPIS
OFFENSIONIS,

Das ist:

Verletzungs-Stein/

Oder Sonnen-klare Entdeckung des irri-
gen Lutherischen Haubt-Articuls/ krafft deſſen ſie ver-
meintlich allein durch den Glauben ohne die Werck
die Rechtfertigung/ und endliche Seeligkeit
ſtandhafftiglich behaupten wollen.

Allen auſſer der wahren allein Seeligmachenden Catholiſchen Kirchen irrwandlenden Seelen zur einſti-
ger Bekehrung abgefaſſt / und zuſammen
getragen.

Mit Erlaubnus der Oberen/
Von
F. A. V.

Gedruckt in dem Fürſtl. Stifft Kempten/ Anno 1699.
Zufinden in Augſpurg bey Johannes Stretter / bey unſer
Lieben Frauen-Thor.

In welchen (das ist / Epiſtlen des H. Pauli) etliche Ding ſchwer zu verſtehen ſeynd / welche Ding die Ungelehrte und Unbeſtändige verkehren / wie auch die andere Schrifften zu ihrem eigenen Verderben. 2. Petri 3. v 16.

Vorred.

ALldieweilen obbemelter Articul deren Lutheranern einge=
bildete Hauptlehr/ und Grundstein ist / auf welchen sie
alle Glaubens=Sätz bauen / als bin ich durch Christli=
che Liebe / und Schuldtragenden Seelen = Eifer veranlasset
worden/ dem günstigen Leser aus nachfolgenden wenigen Pun=
cten zu zeigen / was massen gedachter Gegnerischer Grundstein
nit allein auf Sand / sondern schnurgerads ihrer Seelen Heyl
entgegen an ein Eck gesetzt worden / woran sie sich unvermei=
dentlich so täg= als stündlich stossen/ ja was höchstens und mit
bluetigē Zäheren zu bedauren/ dero Seelen Seligkeit unmittelbar
in das ewige Verderben stürtzen müssen/ dafern selbe ihren bau=
fälligen Verstand/ und aufgeschwollnen hochmüthigen Privat=
Geist nit in das todte Meer versencken / und mit demüthigen
Hertzen sich mit der allgemeinen Catholischen Kirchen confor=
miren/ und vereinbaren. Anerwogen nit genueg ist / etliche dem
blossen Buchstaben nach scheinklare Schrifftstellen (massen al=
le Ketzer von unfürdencklichen Jahren schon solches gethan /
umb von selbst ihnen dardurch ein Authorität anzudichten)
anführen/ sondern höchstnöthig/ daß man auf den rechten Sinn
und Verstand tringe/ zumalen der Buchstab tödter/ der Geist
aber lebendig machet; dannenhero bey so wichtiger der Sachen
Bewandtnus alle Nebenglaubige Hertz=getreulich ermahnet
werden/ gegenwärtiges Tractätlein nit der äusserlichen Klei=
ne/ sondern der Grösse seines Innhalts nach zu schätzen/ und so
guet und Christlich es gemeint/ vor so genehm zu halten : nebst
angehefffter dreyfacher Bitt/ daß der Lutherische Leser nachfol=
gendes mit Bedacht wolle lesen/ vor allem aber/ 1. Daß an disen
Puncten/ worvon dises Wercklein tractiret/ die Seeligkeit han=

ge/ wol bey sich erwägen. 2. Allen gallgifftigen Neid und Religions-Haß beyseits setzend/ es mit Liebe und Wahrheit beflissenem Gemüth durchzugehen / dabenebenst endlich so vil darfür halten wolle/ daß er villeicht auch fehle / indeme so vil tausent der gelehrtesten Männer angemerckt disem Lutherischen ungegründeten Articul / und dessen Verstand/ worauf sie mit steinharten Pharaonischen Hertzen beharren/ widersprochen/ ja mit unwiderspechlichen Stellen der H. Schrifft überzeugt / und entkrässtet haben ; massen folgender §. 3. mit mehrerm zeigen wird. Schließlich und drittens gehet mein Bitt dahin / daß wofern der Lutherische Leser etwan durch Anleitung dises Tractätleins in seinem Gewissen überzeugt/ und folglich bey sich finden wurde/ daß sein Kirch in disem Haupt-Articul fehle/ er demnach ohne zeitlichen Respect und andern Verhindernussen mit Anstand machen wolle sein unseelige Religion zu verlassen / nit, weniger in Erkanntnus dises irrigens auch anderer Glaubens-Articlen (wie er dann in solchem Fall ohnedas dahin verbunden) nimmermehr beyzupflichten / auch die guete Funcken so er dazumalen in seinem Hertzen empfindet / nit mehr auszuleschen/ sondern solle und wolle durch eiferiges Gebet den heiligen Geist inständigst anflehen/ damit das Liecht des wahren Glaubens/ welches allein von dem Vatter der Liechter als die beste Gaab herrühret/ sein Hertz erleuchte und ihne führe zu Gott/ der da ist der Weeg/ die Wahrheit/ und das Leben. Also und auf solche Weis/ geneigter Leser/ werden wir mit der Hülff Gottes obbesagten Stein/ auf daß der Nächste hinfüran sich nit mehr daran stosse/ hindan gewelzet/ und mit erwünschlichem Effect/ laut des 90. Psalms ein Englisches Ambt vertretten haben.

Erster Absatz.

In welchem des Lutheri eigensinnige Lehr an hellen Tag gelegt wird.

JDer eigen Wissen und Gewissen hat der Uhrheber Lutherus seinen Glaubensgenossen vorgeschrieben und geprediget/ nemlichen/ wie daß all unser Heyl nit der fleissigen Haltung des Gesatzes oder denen gueten Wercken/ sondern allein dem Glauben beyzumessen seye/ wie zu sehen in cap. 2. ad Galat. ja weit ist es gekommen/ daß Lutherus ferners ungescheuet hat lehren dörffen/ es könne der in Sünd und Laster gleichsam biß an den Hals versenckte Mensch/ dafern er nur den Glauben behalte/ nie und nimmermehr verdammet werden/ Luth. de capt. Babylon. cap. de Baptis. laut folgender Formalien: So sihest nun/ wie reich der Christliche Mensch/ nachdem er getaufft ist/ seye/ also zwar/ daß/ wann er auch freywillig wollte/ so grosse Sünden er immer habe/ dannoch nit könne/ wann er nur glaube/ verdammet werden/ dann keine Sünden/ sondern allein der Unglaub / können ihne verdammen. Fürbaß und

Tom. 1.lat. Epiſt. ad Philip. 346. redet Lutherus noch freyer heraus / ſagend : Seye nur ein Sünder / und zwar ein ſtarcker Sünder / aber glaube deſto veſter / ꝛc. Es iſt genueg / daß wir erkennen das Lamm Gottes / welches hinnemmt die Sünd der Welt : Deſſentwegen wird uns nichts von Gott abſönderen ; unerachtet wir in einem Tag tauſent mal hueren / oder ſo vil Mordthaten begehen wurden. Und in Serm. Sic Deus dilexit., &c. ſpricht er : Wo der Glaub iſt / da kan kein Sünd ſchaden. Ferners in lib. de libert. Evang. Chriſt: Ein Chriſt hat kein Werck vonnöthen / dann er durch den Glauben frey iſt von allen Geſätzen. Item Tom. 7: fol. 130. lehret er alſo : Ein guetes Werck aufs beſte gethan iſt ein täg liche Sünd nach der Barmhertzigkeit / und ein Todt ſünd nach dem ſtrengen Gericht Gottes. Item Tom. 1. in der Auslegung des 5. Capitels an die Galater. folio 264. ſchreibt er alſo : Wann du gleich vil guete Werck gethan / biſt du darumb nit für Gott gerecht ; und wi derumb : Ob du gleich groſſe Sünden gethan haſt / biſt darum bnit verdammt. Alſo Lutherus / ſo durch diſes gantze Capitel diſe Lehr treibt / und alle Geſätz / alle Werck / alle Satzungen / alle Regel und Ceremonien aufs höchſte verdammt und verwirffet.

Gleichwie man nun den Löwen aus der Klauen / die Glocken aus dem Klang / und den Vogel an ſeinem Ge ſang unfehlbar erkennet / alſo iſt unſchwer aus erſt angeführten Lutheri Lehrſätzen abzunemmen / was geſtall ten er den Menſchen Heyl allein dem Glauben / ohne die Werck / und ſollte er Centen-weis mit Sünden beladen seyn / zueeignr / also daß es bises Orths keiner weiteren deduction oder Prob bedarff. Quandoquidem , qui manifesta latiùs declarare intendit, lingna in sylvam inferre videtur. Ita Ruland de Commißion. lib. 2. cap. 9. n. 6.

Es ist zwar nit ohne / daß zu jetzigen Zeiten sich Lutheraner befinden / welche / wann sie etwas redliches gestudieret / nit darfur wollen angesehen seyn / gleichsam wären sie von des Luthers ausgesprengter Lehr / oder besser geredt / leeren Magensaammen dergestallten eing= schläffert / daß ihnen je zu weilen nit erlaubt seyn solle nach Arth des Politischen Thierleins Chamæleon beliebige Farben anzunemmen. Dahero sie zu Zeiten bey vorfallendem Discurs gantz glimpfflich etwan mit einem subtilen Jawort / oder bescheidnem Achselschutzen verspühren lassen / als wäre es ihnen nit zu wider den Glauben in etwas mit denen Wercken zu vergesellschafften / aber nur zu dem Ende / damit sie nit als Verlaugner aller Tugenden und gueten Wandels beschuldiget werden möchten / da sie doch im Gegenspihl nur äusserlich einanders zeigen / innerlich aber zu folg ihrer schon einmal in Muettermilch eingesogenen so falsch als helschleichenden Lehren weit ein anders glauben und gedencken / und sollte solches noch einmal der gantzen erbaren Welt / und aller Menschen gesundestem Vernunfft zu wider lauffen.

Ich frage aber umb Gottes willen / wann alle aufs beste gethane Werck Todtsünden / wann wir dardurch nichts als Zorn Gottes verdienen / wann wir durch alle begangene Sünden (allein / wie Luther sazet / den Unglauben ausgenommen) nit können verdammet werden / wann wir frey von allen Gesätzen / wer wird sich füro= hin befletssen Guetes zu thuen? wer sorgfältig seyn Gue= tes zu wircken? wahrlich niemand / gestallten man die guete Werck wie den Teufel selbst fliehen / und folgsam

nichts

nichts als ein in drey J. bestehend gefährlichster Stand / nemlich ein frisch/frey / und freches Leben erfolgen wurde.

Anderter Absatz.

Aus dem Göttlichen Mund selbsten wird mit Bestand probieret/daß unser Seeligkeit nit dem Glauben allein / sondern deme anhängig auch denen gueten Wercken / als ein Belohnung zuezulegen seye.

JSt Ann allein aus dem Glauben / und nit aus denen Wercken/ als welche nach Gegenerischer Lehr eitel Unraht und Sünden seynd/ die Gerechtigkeit entspringet / entstehet abermal die ernstliche Frag / was dann jene für Werck seyen / von welchen Joann. 15. v. 5. Meldung beschihet : Ich bin der Weinstock/ ihr seyt die Reben / wer in mir bleibet / und ich in ihm / der bringet vil Frucht: Nun sage mir/ armseliger Lutheraner / ist dann so gemelte vilfältige Frucht / peccata? eitel Sünd? fürwahr kan dises einiger vernünfftiger Mensch nit reden / Sünden seynd einmal nit jene Frucht / von welchen sich samt seinen Reben der Göttliche Weinstock commendiret / und bewähret / sondern es werden durch die Früchten die Gerechte verstanden/ als da waren die heil'ge Apostel und nach ihnen alle andere gerechte Menschen / dannenhero jener Syllogismus oder Schluß-Red eines guet Catholischen so genanten Wandersmann noch in den Ohren deren Nebenglaubigen humsen därffte / wann er saget / jede Reb/ die an dem fruchtbaren Weinstock ist / kan vil Frucht bringen : Die Apostel waren Reben an Christo / als an dem fruchtbaren Weinstock / so kunten sie dann vil Frucht bringen. Wer hieraus nit fasset/ daß Lutheri Lehr falsch / und nun den gan-

tzen Himmel fehle / der mueß wenig Safft in seinem
Hirn haben.

Anderns: Sage mir / was seynd dann jene Werck /
von welchen Paul. 1. ad Corinth. 3. v. 14. handlet: Wird je-
mandes Werck mit B:stand verbleiben / worauf er
gebauet hat / so wird er darumben Lohn bekommen.

Drittens: Wann aus unseren Wercken weder Heyl
noch Glori / wie die Gegner darfür halten / erfolget /
wie kan uns dann das unfehlbare Wort Gottes würdig
achten des Lohns / und Reichs Gottes / wie klärlich
abzunemmen Lucæ 10. Ein Arbeiter ist des Lohns würdig. Und 2. ad Thessal. 1. v. 5. Auf daß ihr würdig ge-
achtet werdet des Reichs Gottes / für welches ihr leidet.
Lucæ 20. v. 35. welche würdig seyn werden / daß sie von
Todten auferstehen. Apocal: 3. v. 4. Sie werden mit
mir wandlen in weissen Kleidern / dann sie seynd es
würdig. Sap: 3. v. 5. GOtt hat sie probieret und seiner
würdig befunden. 2. Petri 3. v. 14. Darumb / ihr Aller-
liebste / dieweil ihr darauf wartet / so befleissiget euch
ernstlich / daß ihr vor ihm unbefleckt und ohne Man-
gel im Fridn gefunden werdet.

Viertens: Wann alle unsere Werck / wie denen Lutherischen träumet / vor GOtt Unrabt / Wuest und Sünden seynd / ist ja grosses Wunder / daß uns Krafft heiliger
Schrifft zum öfftern wegen unserer Wercken ein Lohn
versprochen werde? inmassen Matth: 5. v. 12. geschrieben
stehet: Freuet euch und frolocket / dann eur Belohnung ist sehr groß in dem Himel. Und widerum Matth:
16. v. 27. Es wird Christus komen in der Glori seines

Vatters / und alsdann wird er geben einem jeden nach seinen Wercken. 1. ad Corinth. 3. v. 8. Ein jeder wird seinen Lohn empfangen nach seiner Arbeit. Isaiæ 40. v. 10. Der HErr wird kommen mit Macht daher / und sein Belohnung mit ihme. Item Joan. Epist. 2. Gehet auf euch selbst / auf daß ihr nit verliehret / was ihr gewircket habt / sondern daß ihr vollen Lohn empfanget. Ferners 1. Timoth. 4. Die Gottseeligkeit hat Verheissung so wol dises Lebens / als auch des zuckünfftigen. Wie dann eben dahin zihlet die bekannte Evangelische Parabel Matth. 20. da der Hausvatter für seinen Weingarten Arbeiter bestellet / und Befehl gegeben sie zu beruffen / damit ihnē für die gepflogene Arbeit gebührender Lohn erstattet werden möchte. Ob nun wol über disen und obgemelten Paß Melanchton ein gantz widerige falsche Auslegung ersonnen / auch solche ungescheuhet in die Augspurgische Confession und Apologi cap. 10. eingerucket / vorwendend / es seye zwar nit ohne / daß in der Schrifft unseren Wercken ein Lohn versprochen werde / seye aber nur ein zeitlicher in disem / oder jenem / nit aber das Heyl oder ewige Leben selbst dardurch zu verstehen. Aber die heilige Schrifft legt disem Klüegling alsobald den Finger auf den Mund / und überführet dessen abeutheurlichen Frevel mit überflüssigen Proben / vermittelst dero Mittagsheller erscheinet / daß GOtt denen Wercken zum öffteren das ewige Leben und Himmelreich zur Belohnung versprochen : Gestallten zu vernemmen Ad Rom. 2. v. 7. Der einem jeglichen vergilt nach seinen Wercken / denen zwar / welche mit Geduld in gueten Wercken die Ehr und Herrlichkeit und Unsterblichkeit

suechen / das ewige Leben. Und ad Gal. 6. v. 8. Was
der Mensch säen wird / daß wird er auch erndten ;
wer im Geist säet / der wird auch vem Geist das
ewige Leben erndten ; lasst uns aber Guets thuen und
nit aufhören / dann zu seiner Zeit werden wir erndten
ohne aufhören. Weiters 2. Corinth. 4. v. 17 Unser Trüb-
sal in der gegenwärtigen Zeit / welche augenblicklich
und leicht ist / wircket ein überschwenckliches und
ewiges Gewicht der Herrlichkeit in uns. Und Sap. 5.
Die Gerechte werden ewiglich leben / und bey dem
HErrn ist ihr Belohnung. Ferners Matth. 19. v. 29.
Ein jeder der sein Haus verlasst / rc. umb meines Nah-
mens willen / der wirds hundertfältig widerumb bekommen / und das ewige Leben besitzen. Und Lucæ 16.
wird Lazarus in die Schoß Abrahæ / so das ewige Leben
vorstellet / getragen / umb daß er vil Ubels mit Geduld
erlitten. Letztlich wird der letzte Sentenz des gerechten
Richters allein denen / die Guets gewircket / das ewige
Leben zuesagen / wie Matth. 25. cap. zu lesen ist / und ist
die heilige Schrifft voll / allwo das Himmelreich den gueten Wercken zuegefüegt wird/ obwolen allzeit denen / so
in dem Glauben und Gnad Gottes gegründet/ und zu disem Werth durch die Verdienst Christi erhöhet werden;
seynd also die Stellen/ so dem Glauben scheinen allein das
Heyl zuezumessen / nit also zu verstehen / als wann zum
Glauben nichts mehr erfordert wurde / sondern daß ohne
den Glauben an Christum kein Heyl zu hoffen/ mueß also
der Glaub nit todt seyn/ sondern durch die Liebe wircken /
welche Früchten samt dem Glauben als dessen Wurtzel
und Fundament mit dem ewigen Leben belohnet werden.

Fünfftens: Wann unfer Heyl allein aus dem Glauben und mitfolglich nit aus denen Wercken herstammet/ wie kommt es dann / daß unseren Wercken das ewig Leben / auch so gar unter dem Titel einer Kron der Gerechtigkeit zuegesagt wird: Wie scheinbarlich zu mercken 2. ad Timoth. 4. v. 8. Was überig ist/ das ist mir beygelegt die Kron der Gerechtigkeit/ die mir der HErr der gerechte Richter an jenen Tag geben wird. Folgends Jacobi 1. v. 12. Seelig ist der Mann/ der die Anfechtung übertraget; dann nachdem er bewährt ist/ wird er die Kron des Lebens überkommen/ welche GOtt dem jenigen verheissen hat/ so ihne lieben. Ad Hebr. 6 v. 10. GOtt ist nit ungerecht/ daß er vergesse eurer Wercken.

Sechstens : Wann dann endlich urser Heyl und Seeligkeit allein dem Glauben zuezuschreiben / so ist mehrmalen die Anfrag/ warumben doch die heilige Schrifft nit allein nit ausschliesset die Werck dazumalen / da sie so eiferig von dem Eintritt in das Reich Gottes handlet / als welches uns von Christo tanquam Judice, unter Richterlicher Vollmacht ausdrucklich verheissen wird ? ohne das einige Meldung sonderheitlich vom Glauben allein nit beschihet/ sondern da die Schrifft von denen lieben Ausserwehlten redet / besagter Glaub in forma und Gestallt gleichwie andere Werck belohnet wird / wie zu lesen / Matth. 25. v. 34. allwo nit gesagt wird / kommet her die ihr geglaubt/ sondern kommet her ihr Gebenedeyte meines Vatters/ besitzet das Reich / das euch bereitet ist/ dann ich bin hungerig gewesen und ihr habt mir zu essen gegeben/ꝛc. Was kan aus disem Text deutlichers

lichers abzunemmen seyn / als daß durchgehends denen
gueten Wercken das Himmelreich beygefüegt werde. Wie
über diß Evangelium und Text der grosse Augustinus, als
wann er im Geist den Lutheranismum vorgesehen / also
schön schreibt: Wann man ohne gehaltene Gebott
durch den Glauben allein zum Glauben eingehen kan /
wie ist dann wahr / daß Er denen / so auf der lincken
Seiten stehen werden / sagen werde: Gehet hin in das
ewige Feur? Er haltet ihnen nit vor / daß sie in ihn nit
geglaubt / sondern daß sie keine guete Werck gethan.
So vil Augustinus. Noch mehrer wird solches und zwar
überflüssig probiert Matth. 16. v. 27. Dann des Menschen Sohn wird in der Herrlichkeit seines Vatters
kommen mit seinen Englen / und alsdan wird er einem
jeden vergelten nach seinen Wercken. Item ad Rom. 2.
v. 5. & 6. Du aber häuffest dir selbst den Zorn nach
deinem verstockten Wesen / und unbueßfertigen Hertzen / auf den Tag des Zorns und die Offenbarung des
gerechten Gerichts Gottes / der einem jeglichen vergelten wird nach seinen Wercken. Ferners 1. ad Corinth. 3.
v. 8. Ein jeder wird seinen eigenen Lohn empfangen
nach seiner Arbeit. Und 2. ad Corinth. 5. v. 10. Dann wir
müessen alle offenbahr werden vor dem Richterstuhl
Christi / auf daß ein jeglicher empfahe / nach dem er in
seinem eigenen Leben gehandlet (nit wie er die Verdienst Christi ergriffen) entweders Guets oder Böses.
Und cap. 9. v. 6. Der wenig aussäet / wird wenig ein-

schnei-

schneiden. Item Apocal. ult. 12. Sihe ich komme (das
ist/ als ein Richter) und meinLohn mit mir/ einem jeden
zu geben nach seinen Wercken. Hisce igitur necessariò
præmittendis, salutariter præmissis: So folgrt nun hierauf
augensichtbar / wie übel und falsch einstens die Lutheri=
sche Sachsen in dem Altenburgischen Gespräch geschlos=
sen haben/ allwo sie ungescheuhet herkommen lassen/ daß
die Werck zur Seeligkeit nit allein nit nothwendig oder
beförderlich / sondern wol gar verhinderlich seyen; wie
aus ihrem/ Secundùm Tonum irregularem; falsch angestimt=
ten Kirchen=Lied unschwer zu hören:

Die Werck die helffen nimmermehr/
Sie können nit behüeten.

Was wird dich dann unglückseeligen Lutheraner einstens
vor dem strengen Richter behüeten oder beschützen? ent=
weders der Glaub allein oder die Werck / deren letzteren
der Göttliche Richter allein gedencket ? Wer will seelig
werden / behertzige difes wol / dann es gilt die Ewigkeit.
Ich meines Orths beharre bey denen Worten der heili=
gen Schrifft / welche uns inculcieret / und gleichsam das
Hönig der unfehlbaren Wahrheit in den Mund leget.
Ein stattliches Exempel dessen erhellet 1. Corinth. 13. v. 2.
Soltest du einen Glauben haben/ daß du Berg verse=
tzen/ und Miracul wircken kuntest/ so wird solcher dir
ohne die Liebe dannoch nichts nutzen. Als ist demnach
kenntlich/ daß das Werck der Liebe grösser als der Glaub /
auch ohne derselben ein pures Nichts/ und kein zu un=
serem Heyl fürträgliches Wesen seye. Man höre wei=
ter/ was Christus spricht Matth. 7. v. 22. Vil werden
zu mir sagen an jenem Tag/ HErr/ HErr/ haben wir nit
weis=

weißgesagt in deinem Nahmen/ haben wir in deinem
Nahmen nit Teufel ausgetriben / ꝛc. alsdan wird ich
ihnen bekennen: Ich habe euch niemal gekennt / wei-
chet von mir ihr Übelthäter. Und v. 19. Ein jeder
Baum/ so kein guete Frucht bringet/ wird ausgehauen
und in das Feur geworffen werden. Widerumb v. 21.
Nit ein jeder der zu mir sagt/ HErꝛ / HErꝛ / wird eingehen in das Himmelreich / sondern die thun werden
den Willen meines Himmlischen Vatters. Item ad
Rom. 2. v. 13. Dann bey GOtt seynd nit gerecht / die
das Gesatz hören / sondern die das Gesatz halten werden. Wie kan dann Luther erst angezogenem Text zu wi-
der/ so unverschämt lehren/ wir Christen seyen frey von
allen Gesatzen / da doch die Göttliche Wahrheit vor Augen liget zu lesen Matth. 5. v. 17. Ihr sollet nit darfür hal-
ten/ als wäre ich kommen das Gesatz auszulösen/ ich
bin nit kommen aufzulösen/ sondern zu erfüllen. Und
Matth. 11. Nemmet mein Joch über euch / dann mein
Joch ist süeß und mein Burd leicht. Item cap. 19.
Willst du zu dem Leben eingehen/ so halte die Gebot.
Widerumb Joann. 15. Ihr seyt meine Freund / wann
ihr thun werdet/ was ich euch befihle. So müessen ja
die/ so mit Luthero halten/ Christo sagen: Wir nemmen
dein Joch nit auf uns/ dann es ist unerträglich/ wir
wollen zwar zum Leben eingehen/ aber durch den alleini-
gen Glauben ohne Haltung der Gebot/ wir seynd deine
Freund/ wann wir schon nit thun/ was du uns befohlen.
Sehet hier ein neues Evangelium / welches schnurgerad
wider

wider das Wort Gottes / welches mit dem alten Gesatz das Gesatz der Gnaden verwirfft / welches dem Glauben / so allein ein Anfang der Rechtfertigung / alles zuschreibt wider jenes / was Paulus sagt ad Rom. 13. v. 11. Der liebt / der hat das Gesatz erfüllet / hieraus subsonirend / daß wahrhafftig das Werck der Liebe unwiderspiechlich seye die Erfüllung des Gesatzes / massen solche / wie oben bereits gemeldet / grösser ist als der Glaub und die Hoffnung. Wer dises so helle Wahrheits-Liecht nit sihet / glaubet und fühlet / mueß blinder als Bellisarius, ungläubiger als Thomas, verstockter als Pharao, ja in der Egyptischen Finsternus selbst gebohren und erzogen seyn.

Dritter Absatz.

Die Schrifftstellen / welche bald dem Glauben / bald denen Wercken die Seeligkeit zueignen / werden erkläret und vereinbaret.

JEtzo kommen wir mit ausgespanntem Segel an den Schrofen / oder Verletzungs-Stein / das ist / zu Erklärung der jenigen Schrifftstellen / krafft deren unsere Nebenglaubige sich äusserist bearbeiten / dero einmal gefaßten Sentenz, und daraus entsprungene Mißlehr Menschmöglichst zu besteiffen. Schrifft / Schrifft her / heißt es immerzue bey ihnen / dann weilen sie dieselbe für Sonnenklar erkennen / als mueß ihrer eigenen Privat-Meinung nach / sich dise oder jene Stell dahin zwingen und tringen lassen / nemlichen / daß wir allein durch den Glauben seelig werden. Damit man aber solchem höchst gefährlich und Seelenverderblichen Beginnen die Larven abziehe / ist hauptsächlich vonnöthen / angefangte unterschidliche Textus pro & contra wol zu examinren/

ren / und endlich nach fleiſſig geſuecht = und gefundenem der heiligen Kirchen aus Verheiſſung gegebenem unfehlbarem Verſtand / dieſelbe in gegenwärtiger Materi / die Rechtfertigurg betreffend / nebſt beygezogener Authoritât deren H.H. Våttern zuſammen zu ketten / und zu vereinbaren: Damit ein jeder Wahrheit = liebender Chriſt / nit allein mit dem Verſtand / ſondern zu ſagen mit Hånden greiffen könne / wie ungründlich und unformlich die Gegner die heilige Schrifft verdrehen / verkehren / und zu vermeinter Unterſtützung ihres baufålligen Senrenz applicabel machen.

Dannenhero umb ſo leichter diſe an ſich ſelbſt ſo wichtig / als ſchwere Handlung dem Heylbegirigen Leſer in deſſen Verſtand einzutrucken / habe ich ſolche gefliſſenblich in fünff Theil abgetheilet / allermaſſen folget:

Erſtlich iſt wol zu mercken / daß unſer gebenedeyter Erlöſer Chriſtus, durch die heilige Schrifft als ein Tråger zweyer Nåhmen und Aembter laudiert / oder fürgebildet werde. Das erſte aus beyden iſt das Ambt eines Seeligmachers / oder Lamms Joan. 1. cap. v. 14. Sihe das Lamm GOttes / ſo da hinnemmt die Sünd der Welt; und weiter cap. 3. v. 17. GOtt hat ſeinen Sohn nit in die Welt geſandt / daß er richte die Welt / ſondern daß die Welt durch ihne ſeelig werde.

Das andere iſt der Nahm und das Ambt Chriſti eines Richters. Dahero Act. 17. v. 31. geſagt wird: GOtt kündet nun an denen Menſchen / auf daß alle alleuthalben Buß thuen / darumb / daß er einen Tag beſtimmet / an welchem Er den gantzen Erdentreis richten wird in Gerechtigkeit durch einen Mann (nemlich Chriſtum) den er darzue verordnet hat. Und wiederumb

C

oerumb Joann. 5. v. 22. Dann der Vatter richtet nie-
mand/sondern hat alles Gericht dem Sohn übergeben
Weiters v. 27. und hat ihme Macht gegeben/das Gericht zu halten/darumb daß er des Menschen Sohn ist.
Worauf gleichfolgenden Vers: Es kommt die Stund/
in welcher alle/die in Gräbern seynd/werden die Stim
des SohnsGottes hören/und es werden herfür geh n/
die Guetes gethan haben/zu der Auferstehung de s Gerichts. Wider dise so vilfältige/klare Schrifftstellen er-
kühnet sich Lutherus Christo dasRichterambt abzuspre-
chen / da er Tom. 1. fol. 209. über das 4. Capitel ad Galat.
also redet: Derohalben ist Christus kein Gesatzgeber /
noch Gesatzlehrer / ist auch kein Richter nach dem Gesatz. Eben diß widerholet er öffters in diser Materi auß
üblem Verstand der Sendschreiben Pauli / absonderlich
aber Tom. 1. durch Petrum Seitz fol. 261. pag. 1. über
das 5. cap. ad Galat. da Lutherus also schreibt: Wann
dir einfällt / daß Christus seye ein Richter oder Ge-
satzlehrer/ der mit dir zürne oder von dir Rechenschafft
forderen werde/wie du dein Leben zuegebracht habest/
so halts für gewiß und wahr/ daß er nit Christus / sondern der leidige wüetende Teufel seye . So weit ist es
kommen / daß Lutherus / wollte er anderst seiner neu-
ersonnenen Lehr einen Grund auch nur mit Wasserfarben
anstreichen/ GOtt den gerechtesten Richter hat antasten /
und denselben gegen dem armen Volck als einen höllischen
Teufel ausrueffen därffen / einig und allein zu dem En-
de/ damit der arme Mensch blosser Ding hin allein durch
den Glauben ohne die Werck (welche letztere doch der
strenge

ſtrenge Richter auf das genaueſte von uns forſchen wird)
die ewige Glückſeligkeit ohne Sorg und Forcht unfehlbar
hoffen ſolle. Aber es mag ein ſolcher fälſchlich ſchreiben
und lehren/ was er wolle/ ſo iſt und bleibet (deme allem uns
g=acht,tet) wahr / daß eben diſer dem Luthero mißfällige
Richter nit allein wegen eines jeglichen unnützen Worts/
ſondern laut heiliger Schrifft von unſerem Leben und
Wandel einſtens vollſtändige Rechenſchafft erforderen /
und durch ſeinen gerechten Zorn die Gottloſe beängſti=
gen werde/ dergeſtallten/ daß ſie vor Forcht und Zitteren
benöthiget./ ſo gar die gehörloſe Steinklippen und Berg
anzurueffen/daß ſie/zur Verhüllung ihrer Schandflecken
über ſie fallen ſollen. Sehet demnach zue ihr Luthera=
ner / wie ihr alldort vor dem Richterſtuhl Gottes nebſt
eurem Ertzvatter hinaus langen werdet. Sintemalen
allda kein Exceptio fori declinatoria, ober denegatio com-
petentiæ ſtatt haben / vil weniger Zeit geſtattet werden
wird/einige erdenckliche Juris remedia an Handen zu nem=
men / ſondern GOtt wird Luthero in das Angeſicht ſa=
gen/ Sihe/ habe ich dich nit auf Erden als einen Richter/
welcher an ſtatt meiner die merita cauſæ deren bueßferti=
gen Sünderen in dem Beichtſtuhl ad Trutinam Juris zie=
hen/ und pro qualitate circumſtantiarum mit Bueß belegen
und abſolvieren ſollen/delegieret? und du widerſprichest
mir Judici Generali ac Domino ſupremo committenti poteſta-
tem Judicandi, indeme du mich an ſtatt oberherrlichen
Richterlichen Reſpects, für einen wuetenden Teufel pro-
clamireſt/ für eins: Und für das andere hab ich dir nit
nebſt deme annoch ſo gar ein mehr als Engliſches Ambt
anvertrauet? welches du ehedeſſen von mir durch eiferi=
g=s Gebet ſo wol/ als andere Ubungen viler gueten Wer=
cken aus Gnaden erhalten/ und vermittelſt deſſen würdig
worden biſt/ mich/ als dazumal frommer/Ehrwürdiges

ordent=

ordentlich geweyhter Priester vigore consecrationis, nit mit dem Brot sondern unter der Gestalt desselben/ wahrhafft und wesendlich tanquam Agnum simul & tremendum Judicem auf deinen Händen zu tragen; dannenhero und weilen commissum utrinque sapit rationem pœnæ quæ, justâ proportione delicto respondeat, necesse est. Als wird Lutherus/ seine Helffer / und Helffers Helffer / samt allen/ die mit anhängig/einen erbärmlichen Sentenz zu gewarten haben. Da hingegen wir Catholische/ die wir durch die Gnad Gottes/ Krafft dero nichts zu thuen unmöglich ist/ uns ununterbrochen befleissen Guetes zu wircken/ einen gnädigen Richter verhoffen/welcher mit trostvollen Worten rueffen wird: Kommet her ihr Gebenedeyet/ich bin hungerig gewesen/ und ihr habt mich gespeyet / ꝛc. Anerwogen dann solchenfalls uns nit das Himmelreich allein wegen des Glaubens / sondern wegen deren gueten Wercken/ so aus dem Glauben und eingegossener Gnad Gottes mittelbar erfolget/ zuerkennet wird/ ohne daß wir dardurch einen eitlen Ruhm suechen/ sondern uns vilmehr im HErrn rühmen/ daß alles allein durch dessen Gnad geschehen/ derohalben und weilen uns obberührte Gnad aus Christi Verdienst mitgetheilt/ als werden wir allein aus Gnad und dessen Verdiensten / so wir uns mittelst unserer Mitwirckung applicabel machen/ seelig nach den Worten des Apostels: Nit aber ich/ sondern die Gnad mit mir.

Fürs andere ist wol zu mercken/ daß wann in H. Schrifft Meldung beschihet von dem Ambt eines Lamms oder aber von dem Heyl der Versöhnung/ oder Aufnemmung an Kindsstatt/ Krafft welcher wir in disem Leben als Kinder Gottes per Christum Salvatorem seu Agnum, an- und aufgenommen/auch zur Vueß ermahnet werden/ damit
mit

mit alle Sünder Nachlassung ihrer allerer bekandten
Schulden entwebers durch den H. Tauff/ober Priester=
lichen Gewalt erlangen Joan. 20. v. 24. Wann sprich ich die
H. Schrifft redet von erstgemeltem Heyl/so uns Christus er=
theilet in disem Leben durch die Versöhnung / so schrei=
bet sie alsdann solches dem Glauben / und der Gnad /
nit aber selbes unseren Wercken / als ein Belohnung zue/
und bises darumben / allbiewellen gedachtes Heyl und
Versöhnung umbsonst / nur aus Gnaden / und nit denen
Wercken ut merces operis als ein Lohn gegeben wird. Da=
hin entgegen falls die H. Schrifft von Christo als künff=
tigem Richter / ober von dem endlichen Heyl und Seelig=
feit / welches er uns im anderen Leben mittheilen wird /
handlet / wird man nichts anders vernemmen / als baß
solches zu folg deren Wercken / nemlich wie ein jeber ge=
säet / also einschneiden wird / geschihet / des Glau=
bens aber wird nichts / ausser in so weit als berselbe con-
comitanter mitfolglich als ein Werck gekrönet wird / ge=
bacht. Wie gar beutlich zu sehen 2. Timoth. 4. v. 7. Ich
hab einen gueten Kampff gekämpffet / ich hab meinen
Lauff vollendet/ich hab NB. den Glauben bewahret /
was überig ist/ da ist mir beygelegt die Kron der Ge=
rechtigkeit / die mir der HErr der gerechte Richter an
jenem Tag geben wird. Und 2. Thessal. 1. v. 4. daß wir
uns selbst eurer berühmen bey den Kirchen Gottes /
von wegen eurer Gebuld und Glaubens in allen euren
Verfolgungen und Trübsalen / die ihr ausstehet zu ei=
ner Anzeigung des gerechten Gerichts Gottes / auf
daß ihr würdig gehalten werdet des Reichs Gottes /
umb welches willen ihr auch leidet Item 1. Petr. 1. v. 7.

C 3   Daß

Daß die Bewahrung eures Glaubens vil köstlicher als Gold gefunden werde/ zu Lob/ Ehr/ und Preis in der Offenbarung JEsu Christi. Aus welchem allem ja Sonnenklar am Tag ligt / wie daß die gute Werck / worunter auch der Glaub als ein Fundament begriffen / mit dem Reich Gottes / nit aber der Glaub allein insonderheit/ sondern Werck und Glaub zugleich miteinander begleitsamlich belohnet werden.

Solchem nach / und weilen unsere Widersacher allein die Stellen in H. Schrifft / in welchen lediglich von dem Heyl der Versöhnung / so uns von Christo dem Lamm Gottes / da wir noch auf diser Welt herumb wandlen / zuekommet / gefliffentlich durchlesen / auch denenselben wegen vermeinten Behelffs stärcker/ als das Ebheu der Maur / anhangen/ da beynebenst aber nit betrachten/ daß offtbemelt solches Heyl und Versöhnung keinem unserer Wercken / sondern allein der Barmhertzigkeit/ und Gnad Gottes zuezueignen / als ist ja kenntlich / daß sie frevendlich / ut oves errantes, wie irrige Schaaf von einem Abweg in den andern gerathen wollen / indem sie alle Werck von der Seeligkeit ausschliessen ; wurden sie aber vilfältig andere Textus der heiligen Schrifft/ vermög deren von Christo dem Richter / und von dem Eingang in das Himmelreich gehandlet wird/ gleichmässig genaue Obsicht tragen / müessten sie nothwendig das glatte Widerspihl erkennen / fürnemlich/ daß nach deren Inhalt nit der Glaub allein (wie oben bereits gemeldet) sondern derselbe gleichwie andere guete Werck mithin belohnet werde:

Zum Dritten ist nit weniger reifflich zu beobachten/ was gestallten unsere Werck / so von einem im Gnadenstand stehend/ und mit GOtt versöhntem Menschen beschehe-

beschehen / recht und guet / consequenter einer Beloh-
nungswürdig seyen / jedoch mit disem Abfall / daß GOtt
solche anderst nit / als allein wegen treugethanen Versprechens zu belohnen schuldig / wie solches das groffe
Kirchenliecht Augustinus Serm. 16. de verbis Apostoli mit
folgenden Worten gar schön erkläret. GOtt ist uns zu
einem Schuldner worden / nit als ob er von uns etwas
empfangen / sondern weilen ihme beliebet / uns ein Versprechen zu thun; dann anderst sagen wir zu einem Menschen / er ist mir schuldig / weilen ich ihme gegeben; und
anderst sagen wir zu GOtt / du bist mir etwas schuldig /
weilen du mir es versprochen. Können wir derohalben
dann sagen zu GOtt: Gib mir / weil ich dir gegeben?
was haben wir dann deme geben / von dem wir / was wir
seynd / und guetes haben / alles empfangen haben? Solchem nach / und weilen wir ihme nichts geben / als können wir auf dise Weis von ihme als einem Schuldner
nichts fordern; aber dises können wir von unserm GOtt
erfordern : Gib / was du versprochen / weilen wir gethan / wie du befohlen / und eben diß hast du gewircket /
weilen du uns darzue Hülff geleistet hast. So vil Augustinus. Hieraus zu erlehrnen / daß aus unseren Wercken
zwischen GOtt und uns kein Schuld aus Gerechtigkeit
entspringe / Ursach: Weilen unsere Werck für sich selbst
dem lieben GOtt nichts nutzen / vor eins; und vor das
andere / weilen wir ohnedas auf mancherley Weis und
Ursachen ihme solche zu thun schuldig; und drittens / weilen alle unsere Werck von selbst seine Gaben seynd / massen gar stattlich das Concilium Trid. Sess. 6. cap. 8. solches
also ausleget: Es seye fern von uns / daß ein Christen-
Mensch in sich selbst und nit in GOtt sich rühme / dessen Güete gegen uns Menschen so groß ist / daß er so gar
das jenige / was seine eigne Gaben / uns als Verdienst
zue

zueignet. So bleibt demnach Ex parte Dei hingegen allein die Schuldigkeit wegen gethanen so gütigen und
treuen Versprechens / welches wir aus unzahlbaren Or-
then der H. Schrifft abmercken können.

Zum vierten ist unfehlbar wahr / daß zu unserm
Heyl und Seeligkeit erfordert werde der Glaub / die
Forcht / Hoffnung / Bueß / und Liebe; das erste / den
Glauben belangend / lassen die Gegner selbst zue. Von
der Forcht stehet geschriben Eccles. 1. v. 28. Der ohne
Forcht ist / kan nit gerechtfertiget werden. Und wider-
umb v. 27. Die Forcht des HErrn vertreibt die Sünd.
Weiters Prov. 14. v. 27. Die Forcht des HErrn ist der
Bronn des Lebens. Von der Hoffnung ad Rom. 8. v. 24.
Ihr seyt seelig worden durch die Hoffnung. Von der
Bueß Luc. 13. v. 5. Wann ihr nit werdet Bueß wircken / werdet ihr alle zu Grund gehen. Von der Liebe /
Joann. 3. v. 14. Der nit liebt / bleibt im Tod. Ob nun
wol all angemerckte dise Wirckungen zur Seeligkeit nöthig / so streichet Paulus in denen vier Epistlen benanntlich zu den Römeren / Philippenseren / Galatern / und
Hebräern / doch keine mehr hervor als den Glauben;
und dises alleinig zu dem Ende / damit er die Ungläubige
zu dem rechten Weeg / und wahren Glauben Christi
anführen könnte / wie etwan noch heutiges Tags ein eife-
riger Apostolischer Prediger thäte / wann er zum Exempel einen gantz unbeweglich auf seinen Mosaischen Sa-
tzen und Gebräuchen verharrenden Juden zu bekehren
vorhabens wäre / was wurde ein solcher Prediger gl ich)
Eingangs anderst sagen als dises? Höre mein gueter
Mensch / dein Gesatz / deine Ceremonien und Gebräuch ja
alle deine Werck / wievil du immer daraufhaltest / seynd

zu deinem Heyl undienlich / dafern du nit an Christum
glaubest: Glaube so bist du seelig; aber deme anhängig
wird verstanden / wann du auch das / was diser Glaub
an Christum mit sich bringet / mit steiffem Grund be-
legest / welches zu thun ein solcher ehender nit fähig seyn
wurde / als nachgelegtem Fundament.

Gleichermassen hat sich der Völcker Lehrer Paulus
in denen vier angezogenen Epistlen verhalten / wordurch
er entweders denen Heyden / so ihr Gerechtigkeit auf die
Werck eines ehrlichen Wandels setzten / ernstlich zuere-
det / oder aber er hat denen Juden / welche ebenfalls ihr
Heyl in denen Wercken des Mosaischen Gesatzes suech-
ten / ihren Fehler gezeiget / ja was mehr ist / Paulus hand-
lete zu weilen mit den Galatern / so zwar dem Schein nach
Christen seynd / beynebenst aber das gantze Gesatz der Beschneidung und andere Mißbräuch nit ablegen wollten /
wegen letzt gemelter Sachen / dann die heilige Apostel einstens zusammen getretten / und haben in Concilio Act. 15.
v. 1. durch einhelligen Schluß die Beschneidung abge-
than; woraus zu folgergangenen Decreti Paulus in seinen
vier Epistlen inständigst gelehret / wie daß in denen Wercken des Mosaischen Gesatzes einige Krafft und Wirckung uns zu rechtfertigen nit seye / wie aus denen Worten ad Galat. 5. v. 6. klärlich scheinet: Wann ihr beschnit-
ten werdet / ist euch Christus nichts nutz. Und v. 4.
Ihr habt Christum verlohren / die ihr durch das Gesatz
(Moysis) wollet gerechtfertiget seyn. Und gleich darauf v. 6. Dann in Christo JEsu gilt weder Beschneidung / noch Vorhaut etwas / sondern der Glaub NB. der
durch die Liebe wircket. Wohl ist zu behertzen der Fehler
Lutheri / welcher mit dem alten abgethanen / und durch

D   Chri-

Chriſtum aufgehobenen Geſatz Movſis gleichfalls alles
Geſatz der Gnaden/ und alle in dem Glauben und Gnad
gegründte Werck verwirfft und verdammet/ daß man ebe-
ner maſſen argumentiren kunte : Wann ihr getaufft wer-
det/ wann ihr Almoſen gebt/ wann ihr bettet/ wann ihr
für Chriſto etwas leidet/ habt ihr Chriſtum verlohren. Pfui der falſchen Conſequenz und Irrlehr/ ſo der
gantzen H. Schrifft/allen Wätteren/ja der geſunden Vernunfft widerſtrebet/da Chriſtus nichts mehrers als ſeine
Gebott einbindet/ ſie ſeyen ein ſüeſſes Joch/ ſie ſeyen nit
ſchwer/ der allein liebe ihn/ ſo ſie halte/ und wofern wir
wollen zum Leben eingehen/ ſeyen wir verbunden ſie zu
halten. Alſo ergehet es/ wann man die wahre Kirch/ ſo
allein ein Grundveſte der Wahrheit iſt/verlaſſet/ wann
man die H. Schrifft dem irrigen Privat-Geiſt unterwirfft:
Und wann man glaubt/ daß G.Ott diß Geheimbnus von
der Rechtfertigung/ durch den Glauben allein/ ſeiner H.
Kirchen/ſo vilen an Lehr und Heiligkeit trefflichen Män-
neren verborgen/ allein einen eydbrüchigen Menſchen er-
öffnet. Wer es faſſen kan/ der faſſe es. Aus welchem
dann

Zum fünfften/ jene von unſern Gegnern falſche
Propoſition oder Spruch ſich von ſelbſten ergibet/ wann
ſie ſagen/ wir werden gerecht aus dem Glauben/ nit aus
denen Wercken. Nun iſt zu verſtehen/ daß diſes einen
zweyfachen Verſtand in ſich einſchlieſſe: Erſtlich daß wir
nit gerechtfertiget werden aus den Wercken des Geſatz
Moyſis/ zum andern/ daß wir nit gerecht werden aus
dem Verdienſt unſerer Wercken welche aus natürlichen
Kräfften/ und nit mittelſt der Gnad Gottes geſchehen ;
und drittens/ weilen wir nit verdienen als Sünder von
der Göttlichen Gnad berueffen und gerechtfertiget zu wer-
den/ thuet unſeren Wercken ermelte Gnad nit als ein
Lohn

Lohn gebühren/wie reifflich auß dem bekannten Theologi-
schen Sprüchwort abzunemmen : Principium meriti non
cadit sub merito : Der Anfang unsers Verdienfts kan
nit verdienet werden/ anfonsten/ wie lehret Paulus ad
Rom. 11. v. 6. Wäre die Gnad keine Gnad. Und Augustinus de Spirit. & litt. cap. 10. schreibet ferners also: Dann
die Gnad wird uns nit gegeben/ umb weilen wir guete
Werck gethan / sondern daß wir sie thuen mögen / das
ist / nit darumb wird sie gegeben / weilen wir das Gesatz erfüllet / sondern daß wir es erfüllen können.   Zu
welcher Erfüllung obwolen der Glaub als das Fundament erfordert wird / massen/ der zu G Ott will gehen/
mueß glauben/ und darumb recht der Glaub ein Anfang
unsers Heyls intitulieret wird / so klecket doch der Glaub
allein nit/ dann nach Pauli Lehr die Liebe das Gesatz erfüllet / ohne welche der Glaub/ sollte er auch Mirackel
wircken / zur Seeligkeit nichts ersprießlich ist.   Lasst
sich auch hier nit einrucken die von Luthero neu ersonnene
Distinction des Glaubens in einen historischen / miraculo-
sen/ und fiducial Glauben / dardurch wir uns die Verdienst Christi applicieren/ weilen diser Unterschid in keiner Schrifft gegründet / von keinem Kirchenvatter erkennet / und die Hoffnung und Glaub mit einander
confundiert wird / darvon dann recht der gelehrte Maldo-
natus in cap. 9 Matth. also schreibt: Wann sie einen Glauben hätten / hätten sie allen / weilen sie aber einen drey-
fachen haben / haben sie keinen.

  Mueß solchem nach der Glaub nit gleich sohin ex-
clusivè, das ist / absolutè, lediglich / somb schlieffte er alle
Werck auß / eigensinnig genommen werden/ wie Luther
gethan / indeme er das Wörtlein Sola hinzuegeflicket /
und zu Unterstützung seiner baufällig angesponnenen

Privat-

Privat-Lehr fälschlich in die Bibel einverleibt; aber disem
des Luthers falschem Rib widerstrebet der H. Jacobus 2.
v. 21. 22. & 23. durch folgende Formalia: So sehet ihr nun/
daß der Mensch aus denen Wercken/ und nit aus dem
Glauben allein gerecht werde / ja er bestättiget dise
sein Lehr mit einem Exempel / Abraham und Rahab betreffend; welches der heilige Augustinus Lib. 15. de Trinit.
cap. 18. weiters ausführet bedeutend/ daß dahero dem
Glauben die Liebe nutzlich mache/ weilen ohne dieselbe
er zwar seyn / aber nichts nutzen könne. Und dises ist
eben die Meinung angeregten Apostels Jacobi , welcher
cap. 2. billich einen jeden Lutheraner anredet: Was wird
uns helffen/ meine Brüeder/ wann einer den Glauben
hat / und aber die Werck nit? wird ihn dann diser
Glaub seelig machen? Er will sagen mit nichten / dann
er also beschliesset: Der Glaub ohne die Werck ist tott.
Obwolen unsere Gegner disen Sentenz Jacobi mi deren
wollen mit vorschutzen/ daß freylich der beylwirckende
Glaub muesse Werck als Früchten und Zeichen seines Lebens bringen / so ist doch gleich die Catholische Anfrag/
ob dise Früchten nöthig zur Seeligkeit / und ob sie verdienstlich oder nit? Sagen sie das erste/ so macht der
Glaub nit allein seelig. Seynd aber dise Glaubens-
Werck oder Früchten nichts gedeyliches oder beförder-
liches zur Seeligkeit/ so kan der Glaub ohne dise rechtfertigen / wie es erhellet / welches schnur gerad wider den
Sentenz des H. Jacobi lauffen thuet/ es wäre dann Sach/
sie wollten einen todten Glauben für einen seeligmachenden erkennen; ich geschweige so vil oben angeregte klare
Schrifft-Oerther/ so den im Glauben und Gnad Gottes
voll-

vollbrachten Wercken die ewige Seeligkeit zueeignen / denen zu widerstreben es ein Hartneckligkeit billich zu nennen ist.

Vierter Absatz.

Die Argumenta / welche uns unsere Nebenglaubige aus heiliger Schrifft fürwerffen / werden aufgelöset / und mit Gegenbeweisthumen enerviert / und entkrässtet.

Erster Lutherischer Vorwurff.

Joannis 3. v. spricht Christus: Ich bin kommen in die Welt / nit daß ich sie richte / sondern seelig mache / auf daß ein jeder / der an mich glaubet / nit zu Grund gehe / sondern das ewige Leben habe: So brauchet man ja laut angeführter Schrifftstell keine guete Werck als einen Lohn / sondern der Glaub allein macht seelig.

Antwort. Eben dise Stell ist schon bereits oben angeführt / und hierdurch sattsamlich erörtert worden / was gestallten sich Christus selbsten austrucklich unterscheidet / und laut eigenen Worten bald ein Lamm Gottes oder Seeligmacher / oder aber als ein Richter benahmset werde / dannenhero als ein Seeligmacher diser Welt zu der Gnad der ersten Seeligmachung er gantz keine Werck erforderet / sondern rueffet alle Sünder Luc. 5. und die an ihne glauben und Bueß thuen / zu sich / denenselben die Sünden umbsonst und aus Gnad entweders durch den H. Tauff Marci ult. v. 16. oder Priesterlichen Gewalt nachlassend Joan. 20. v. 23. und so fern sie die Gnad durch widerholte Sünden nit verliehren / und Christum auf ein neues creutzigen ad Hebr. 6. v. 6. ertheilet er ihnen das ewige Leben.

Aus vilen andern Stellen der H. Schrifft aber / ist

notanotorium und bekannt / wie daß Chriſtus einſtens ſeyn und kommen werde als ein Richter / zu ſich rueffend die Gerechte / ſo mittelſt ſeiner Gnad Guetes g'wircket / und hingegen verwerffend die jenige / welche Böſes gethan / unerachtet ſie allen Glauben gehabt haben Matth. 7. I. Corinth. 13. Dahero dann Luthero das Evangelium Matthæi , umb willen ein ſolches nit allerdings in ſeinen Kram tanglich / nit alſo annemlich als Joannis, welches letztere er das reine Evangelium betitlet / fürkommet / ſintemalen Joannes allein de Agno Dei von dem Lamm Gottes redet / welches zur erſten uns aus pur lauterer Gnad ertheilten Verſöhnung keine Werck erforderet ; hingegen aber Matth. da er von Chriſto dem Richter des gantzen menſchlichen Geſchlechts Anregung thuet / bedeutet er mithin austrucklich / daß die gute Werck werden mit dem ewigen Leben belohnet / die gottloſe aber mit dem ewigen Feur abgeſtraffet werden.

Anderter Lutheriſcher Vorwurff.

MArci 16 v 16 ſtehet geſchrieben: Der glaubt und getaufft iſt / wird ſeelig: Ergo haben wir zur Seeligkeit keine Werck vonnöthen.

Antwort. Diſer Spruch ſtreitet mit nichten wider uns / die wir ohne Zweifel lehren / das Glaub und Tauff zur Seeligkeit vonnöthen / und ohne diſe kein Heyl ſeye / aber das probieret nit / daß der Glaub allein gnueg ſeye. Und gleichwie / wofern in der Schrifft der Hoffnung / der Liebe / dem Almoſen / ꝛc. die Seeligkeit verſprochen / der Glaub nit mueß ausgeſchloſſen werden / alſo wann ſchon in der Schrifft die Gerechtigkeit dem Glauben beygelegt wird / folget darumben nit / daß er ausſchlieſſe andere Mittel und Werck ; daß aber dem Glauben der Titel der Gerechtigkeit mehrers und öffters gegeben / geſchihet
aus

aus zwey Ursachen. Erstlich weil der Glaub der erste Tritt zu Christo / und also der Anfang ist unserer Gerechtigkeit / und der Eingang in den übernatürlichen Stand / krafft dessen der Mensch Recht und Fähigkeit bekommt zu allem dem / was dem Glauben entweders verwandt / oder doch sonsten von GOtt verordnet seyn als Mittel zur Seeligkeit. Zum andern weil der Glaub ein allgemeiner Grund aller anderer Christlichen Tugenden und Wercken: Mueß demnach das Wort Glaub nit in so engen Lutherischen Verstand genommen werden / samb thäte er nichts bedeuten als ein Wirckung / durch welche wir die Verdienst Christi ergreiffen / und als thäte er ausschliessen Hoffnung / Liebe / und andere Tugend-Werck / sondern mueß genommen werden in einem weiteren Verstand / daß er einschliesse das gantze Christliche Wesen / oder den Stand des Evangelij / der gestallten / daß recht glauben so vil bedeute / als deme / was das Evangelium ausweist / nachkommen / welches sehr klar bekräfftiget jene Stell Matth. ult. da Christus seinen Jüngern befihlt: Gehet hin in alle Welt / lehret die Völcker / tauffet sie / etc. daß sie halten alles / was ich euch befohlen. Allwo ja dem H. Tauff beygesetzt wird der Glaub / aber jener / so in sich begreifft das gantze Evangelium / so nit nur allein befihlt zu glauben / sondern auch im Glauben wircken / die Gebott halten / etc. Wer also getaufft und gesagter massen glaubt / der wird ohne Zweifel guet Catholisch seelig werden.

Dritter Lutherischer Vorwurff.

AD Rom. 3. v. 28. Wir halten darfür / daß der Mensch gerecht werde durch den Glauben ohne die Werck des Gesatz. Item v. 24. Also werden wir umbsonst gerecht

gerechtfertiget durch sein Gnad. Ferners ad Rom.
11. v. 6. Wann wir durch die Gnad seelig werden / so
ist ja solches nit aus denen Wercken / sonst wird die
Gnad nit mehr Gnad seyn. Hieraus zu schliessen /
daß die Werck von unserer Rechtfertigung völlig ausgeschlossen.

Antwort. Dise Stellen legt S. Auguſt. lib. de grat.
& lib. arb. cap. 7. also aus: Die Menschen / so nit recht
verstanden haben / was Paulus gelehrt / da er sagt: Wir
halten darfür / daß der Mensch g'recht werde durch den
Glauben ohne die Werck des Gesatzs / haben vermeint /
er wolle / daß dem Menschen genug seye der Glaub / obwolen er bös lebe / und habe keine guete Werck / welches
weit von uns seye / daß wir glauben solches gelehrt zu haben das ausserwöhlte Gefäß. Hat also Paulus an disen
Oertheren einzig und allein sein Absehen auf die Werck
des Moſaiſchen Gesatzes gemacht / und dessentwegen den
Glauben als ein Fundament unserer Seeligkeit / so ohne
Zweifel nit unsern Wercken / sondern der Gnad Gottes zuzueignen / vor allen angerühmet / und dises vilmehr darumben / allbieweilen gemelte Gnad oder Heyl
auch denen so kein Gesatz gehalten / noch Gutes gewircket / von dem Lamm Gottes mitgetheilet wird / daß en
sie sich nur mit wahrem Hertzen und Bueß zu GOtt
begeben / für eins: Und für das andere / weilen mehr gedachtes Heyl keinem deren Wercken / so zwar als ein Vor-
bereitung der Rechtfertigung vorgehen / als ein Beloh-
ung von Schuldigkeits wegen zugelegt wird. Da hingegen / wann der Apostel Paulus von Christo als einem Richter / auch mitfolglich von der Seeligkeit / welche
uns in dem andern Leben mitgetheilet wird / sich vernemmen lasset / alsdann heisst es nit mehr gratis umbsonst /
gratia

gratia durch die Gnad / fide allein durch den Glauben /
sondern / wie vorhero sattsamlich Meldung beschehen/ es heisst / nach jedens seinen Wercken / wie er gehandlet Guetes oder Böses/rc. Zwar ist nit ohn/ daß
eben die Werck mögen ein Gnad benahmset werden / massen sie nit aus natürlichen Kräfften / sondern aus der
Gnad Gottes entspringen/ und ihren Werth hernemmen/ wie gar schön Augustinus ausführet / sagend/ daß
wann GOtt unsere Verdienst bekröne / Er seine Gaben
selbst bekröne. Hingegen daß aber Paulus lehret/ der
Mensch werde gerechtfertiget ohne die Werck / und Jacobus behauptet die Rechtfertigung durch die Werck/ seynd
beyder Heiligen Meinungen nit einander zu gegé/wie solches mehrmalen der H. Augustinus lib. 83. quæst 76. also
erkläret: Es seynd der zweyen Apostlen Sentenz einander
nit zu wider; dann wann Paulus saget: Der Mensch
werde gerecht ohne des Gesatzes Werck. Jacobus aber:
Der Glaub seye eitel ohne die Werck; alsdann redet Paulus von denen Wercken so dem Glauben vorher gehen /
Jacobus aber von denen soden Glauben folgen/ wie dann
auch ein solches Paulus in vilen Stellen der H. Schrifft
mit mehrerem bezeuget. Dannenhero (fahret Augustinus in
præfat. in Psal. 31. fort) Rühme sich keiner in denen Wercken/ so dem Glauben vorher gehen/ und niemand seye
faul und träg in denen Wercken nach dem empfangenen Glauben. Dannenhero/ wie Augustinus de fide & opere
lehret/ ist unzweifelbar zu ersehen / daß der H. Jacobus
eben die Epistel zu dem Ende geschrieben / umb die jenige/
so die Rechtfertigung allein aus dem Glauben erzwingen/ und zu folg deren Worten Pauli inständigst expressen wollen / zu dem wahren Verstand an und von ihrer
E   abwegis

abwegigen Privat-Minung abzuleiten / welches gleichfals
auch andere Apostel gethan zu haben gemelter Augusti.ius
in citato libr. cap. 14. mit disen Formalien anrühmet:
Nachdeme diser Wohn allein vom Glauben entstan-
den / ware der Inhalt und Meinung anderer Apostolischer Brieffen / nemlich Petri / Johannis / Jacobi / Ju-
dæ aufs kräfftigste dahin gestellt / unwidersprechlich zu
bestreiffen / daß der Glaub ohne die Werck nichts nutze. So vil Augustinus, deme ja mehrer als einem Lutherischen Prediger zu glauben.

Vierter Vorwurff.

DEr rechte Schächer ist allein durch den Glauben und
Bekanntnus seelig worden / Ergo seynd die Werck
zur Seeligkeit nit vonnöthen.

Antwort. Erstlich gehet viler heiligen Vättern
Meinung dahin / daß diser Schächer andere Tugends-
Act und Wirckungen / besonders den Actum der Liebe /
Bueß / Hoffnung und Forcht Gottes / wie aus seinen
Worten so wol gegen dem lincken Schächer seinem Mitge-
spanen / als gegen Christo selbsten abgelegter Bitt erscheinet / erwecket habe. Zum andern gesetzt / jedoch un-
zuegelassen / es wäre diser oder jener ohne Werck seelig
worden / so folget hieraus gar nit; ergo alle nach denen
werden gleichermassen seelig / angesehen ein Privilegium
in particulari, kein Gesatz mache / vil weniger sich auf einen allgemeinen Spruch detorquiren lasse; sintemalen
dann gleichwie etliche in fürwährender Lebenszeit vil
Guetes gethan / und dannoch aus Ermanglung der endlichen Beharrlichkeit verdammet worden / also und nit
weniger ist geschehen / daß einige wenig Guets verrichtet /
nichts-

nichtsdestoweniger seelig worden seynd / wordurch wir
die unerforschliche Urtheil Gottes demuethig behertzigen
und ab denenselben mit David PGl. 118. erschrecken / beynebenst aber dannoch an seiner grundlosen Barmhertzigkeit nit zweiflen sollen / gemäß der Lehr des H. Augustini,
wo er sagt; GOtt hat den Judas zu Grund gehen laffen /
damit du Mensch nit gar zu verwegen seyest / den gerechten Schächer aber hat er seelig gemacht / auf daß du nit
verzweiflest. Zum dritten / kan man wol endlich zue-
geben / daß obgedachter Schächer / ohne die Werck seelig
worden / allbieweilen er alsobald nach empfangener Versöhnung von Christo als dem wahren Lamm / so dazumal an dem heiligen Creutz unsere Sünden hinweg genommen / gestorben ist. Eben dise Beschaffenheit hat es mit
denen gleich nach empfangenem Tauff absterbenden kleinen
Kinderen / denen der Himmel als ein Gnad und Erbschafft nit aber als ein Sigkräntzlein der Gerechtigkeit /
oder ein Kleinod / darumben man sonsten wettlauffen
mueß / zuekommet; hingegen bey erwachsenen Leuthen ist
solches eine ungemeine Seltenheit / erwogen dieselbe mit
dem Teufel / Fleisch / und Welt immerfort zu streiten
haben / folgsamlich die Gnad der ersten Versöhnung
leichtlich verliehren können; geschihetes / so mueß man
unvermeidendlich das vorhin ausGnaden und umbsonst
anerwachsene Erbtheil mit Gewalt widerumb an sich zu
bringen bemüehet seyn / laut Christi Aussag Matth. 11.
Das Himmelreich leidet Gewalt / und allein die Ge-
waltthätige reissen es zu sich. Ist demnach kein Wunder / daß das Himmelreich von GOtt dem gerechtesten
Richter allein dem Streitenden als ein Sigkrantz der
Gerechtigkeit / dem Mitarbeiter als ein Lohn / dem Sue-
chenden als ein verborgner Schatz / dem Leidenden und

mit

mit dem hochzeitlichen Kleid mancherley Tugend und
gueten Wercken gezierten Menschen aber als ein sanfft und
ewige Rueh mitgetheilet werde.

Fünffter Vorwurff.

Paulus verwirffet alle Gerechtigkeit / allen Ruhm /
welcher aus unsern Wercken herrühret ad Rom. 4. v.
2. Wann Abraham aus denen Wercken ist gerechtfertiget worden / hat er ein Ruhm / aber nit bey GOtt.
Und in der Epistel ad Galat. cap. 2. 3. 5. bemühet sich
Paulus alle Krafft der Rechtfertigung und des Heyls denen Wercken des Gesatzes zu benemmen / massen er solches
mit disen Worten beschliesset. cap. 5. Ihr habt Christum
verlohren / die ihr im Gesatz wollet gerechtfertiget seyn /
Ergo sagen die Lutheraner / nutzen die guete Werck nichts /
sondern seynd vilmehr schädlich zur Seeligkeit.

Antwort. Paulus verwirfft allein den Ruhm se-
ner Wercken / so aus uns schwachen Menschen / und nit
aus dem Glauben oder Gnad Gottes / Krafft dero wir
als fruchtbare Rebzweig Christo dem lebendigen Weinstock vereinbaret und eingepflantzet seynd / und vil Frucht
bringen / ihren Ursprung nemmen. Entgegen aber den
Ruhm deren Wercken / welche aus uns also ihr Esse und
Wesenheit haben / daß sie auch zu gleich hauptsächlich aus
dem Glauben / und mitwirckender Gnad Gottes zur
Thätlichkeit gelangen / haltet Paulus vor genehm / sagend / der sich rühme / solle sich im HErrn rühmen / und
1. Corinth. 15. v. 10. Die Gnad Gottes ist in mir nit
vergeblich gewesen / sondern ich habe mehr gearbeitet /
als sie alle / nit aber ich / sondern die Gnad Gottes mit
mir. Allwohin auch zihlet die Epistel S. Augustini 106.

Was

Was haft du/ das du nit empfangen/ was rühmeft
dich dann / als ob solches nit empfangen hätteft/ diß
aber nit also/ als ob sich der Mensch nit rühme/ sondern daß er sich ihm HErrn rühme. Wann demnach
Abraham oder ein anderer Mensch seinen Ruhm und Gerechtigkeit auf keine eigene auffer Glauben und Gnad voll-
brachte Werck zu setzen begunte/ därffte ein solcher / nach
denen Worten Pauli / wol einen Ruhm eines ehrlichen
Wandels und Lebens / so annoch der Gerechtigkeit des
Mosaischen Gesatzes anhangend/ im Hertzen haben / aber
so eins als das andere ist vor GOtt eitel/nichtiges/und zu
dem ewigen Heyl unverhülffliches Wesen/ allermassen allein jene Werck GOtt angenehm / so aus dem wahren
Glauben an Christum / nnd dessen Gnad herstammen /
all wohin gleicher massen zihlen die Wort Pauli ad Philip. 3.
v. 9. Daß ich gefunden werde in Christo nit habend
meine Gerechtigkeit/ welche aus dem Gesatz ist . Ist
derohalben scheinbar/ daß der H. Apostel allein jene Gerechtigkeit verstehe/ von der er vorhero v. 6. Meldung ge-
than/ sagend: Nach dem Gesatz ein Pharisäer / nach
dem Eifer ein Verfolger der Kirchen Gottes/ nach der
NB. Gerechtigkeit/ die im Gesatz ist/ in dem Wandel
unsträfflich.   In diser Gerechtigkeit des Gesatzes ver-
langte der H. Paulus ohne wahren Glauben nit erfunden
zu werden/ die Gerechtigkeit aber samt denen Wercken /
welche aus der Gnad Gottes entspringen/ verwirffet besagter Apostel mit nichten / sondern erfordert dieselbige zu
der Rechtfertigung/ weil er einen Glauben begehrt/ der
durch die Liebe wircket ad Galat. 5. v. 6. und daß er nit alle
Werck ausgeschlossen / kan aus vilen Stellen seiner
Epistlen bewisen werden / in welchen er nach gelegtem

E 3   Glau

Staubens-Grund auf die Tugendwerck hefftig dringet / welches vergeblich / wann er der Meinung gewesen wäre / daß der Glaub allein rechtfertige. In Summa Paulus schlieſſet allein aus die Werck / welche nach dem Geſatz der Natur oder nach dem Geſatz Moyſis ohne ſonderlichen Beyſtand des H. Geiſts allein aus natürlichen Kräfften gethan werden / ſo er nennet Juſtitiam ex lege & in lege. ad Philip. 5. Aber Juſtitiam Legis, die Rechtfertigung des Geſatz ſo in dem Glauben / Gnad und Beyſtand des Heil. Geiſt gegründet iſt / beſtätiget er / da er ad Rom. 2. davon ſpricht: Factores legis juſtificabuntur, Die Thäter des Geſatz werden gerechtfertiget werden. Ferners in der Epiſtel zu denen Galatern verneinet Paulus alle Krafft und Heylwirckung / ſo nach Meinung deren aberglaubigen Menſchen aus dem Geſatz Moyſis und deſſen Wercken ihren Urſprung nemmen / als benanntlich ware die Beſchneidung / welche damalen bey vilen vor nothwendig / oder wenigſt vor nutzlich zu halten erachtet wurde / dannenhero er Chriſteiferigſt gedrungen worden / ermelten Fehler durch die Wort v. 2. ernſtlich zu beſtraffen: Wañ ihr beſchnitten werdet / ſo iſt euch Chriſtus nichts nutz. Und gleich darauf v. 4. Ihr habt Chriſtum verlohren / die ihr ihm Geſatz [Moyſis] gerechtfertiget ſeyet.

Aus welchem ja Sonnenklar erhellet / in was Irrthumb man Gegneriſcher Seits ſtecke / indeme ſie wider den offenbahren Elenchum und Verſtand Epiſtolæ S. Pauli, welche zu keinem andern Ende geſchriben worden / als daß man ſich auf die bloſſe Haltung des Moſaiſchen Geſatzes nit gründen ſolle / jedannoch gefliſſendlich deme zu gegen hierdurch die Aufhebung des neuen Geſatzes Chriſti / und ſeiner HH. Sacramenten behaubten wollen / umb vermittelſt deſſen denen armen Layen umb ſo mehrer

die

die unmüebsamme Himmels-Gewinnung fürzubilden/
und einzutrucken.

Sechster Vorwurff.

ALle unsere Werck seynd Sünden und Unflath vor den
Augen Gottes nach denen Worten Isaiæ cap. 64. v. 6.
Alle unsere Gerechtigkeiten/ seynd wie das Tuech eines Mensüchtigen Weibs. Ergo seynd sie nichts nutz
zur Seeligkeit. Dahero wir all unsere Hoffnung setzen
müessen auf die Barmhertzigkeit Gottes.

Antwort. Dise Stell Isaiæ seye hiehero abermas-
len impertinent und ihres Mißverstandes willen gantz un-
erheblich; maffen der Prophet allda sich im Nahmen deren
Gottlosen beklaget/ wie daß nemlichen wegen ihrer
Ubertrettung/ das gantze Volck sollte gestrafft werden;
der günstige Leser beliebe das gantze Capitel obangezoge-
nen Isaiæ mit Bedacht zu lesen/ alsdann wird er ohn-
schwer meinen Worten Beyfall geben. Ubrigens obwolen zwar ein Frommlebender nach Veranlassung jenes
Texts Joann. 3. v. 21. So unser Hertz uns nit bestraf-
fet/ so haben wir ein Vertrauen zu GOtt/ und werden
alles von ihme erlangen/ was wir bitten/ dieweil wir
seine Gebott halten und thuen/ was vor ihme gefällig
ist/ein grosses Vertrauen die Seeligkeit zu erlangen schöp-
fen kan/ so entspringet aber solches haubtsächlich aus
deme/ weilen ein solcher Mensch einzig und allein das
steiffe Vertrauen auf GOtt dem queten Gewissen/ und
genauer Haltung deren Gebott Gottes beyfüeget. Fürbas
ist nit weniger aus denen HH. Vättern bekannt/ daß es
zum sichersten seye/ die gantze Sach unsers Handels und
Wandels der Barmhertzigkeit Gottes anzubefehlen:

Erst-

Erſtlich wegen der Ungewisheit unſerer Verſöhnung mit GOtt / ſintemalen wir nit vergewiſſet / ob wir der Liebe oder des Haſſ würdig ſeyen / folglich alſo mit Forcht und Zitteren unſer Heyl wircken müeſſen. Anderns damit wir umb ſo leichter die Gefahr der Hoffarth fliehen / und allzeit in der Demuth / und unſerer ſelbſt Gering-ſchätzung verbleiben / gemäß dem ertheilten Raht Lucæ 17. v. 10. Wann ihr alles gethan / was euch befolhen / ſo ſprecht; wir ſeyn unnütze Knecht / anerwogen ein ſo ge-ſtalltige Niderträchtigkeit unſeren Verdienſt vermehret. Wer ware in ſeinem Wandel unſträfflich / als Paulus? und dannoch dörffte er ſagen 2. Corinth. 4. v. 4. Ich bin mir zwar nichts bewuſt: Thue mich deſſentwegen gleichwol nit für gerecht achten / dann der HErr iſt / der mich richtet / derowegen ſtehet v. 5. noch weiters ge-ſchriben : Richtet nit vor der Zeit / biß der HErr kom-me / der auch an das Liecht bringen wird / was in der Finſternus verborgen iſt / und wird die Rahtſchläg deren Hertzen offenbaren / und alsdann wird ein jeg-licher ſein Lob von GOtt haben. Wann aber unſere Werck obangefüehrter Gegneriſcher Lehr nach lauter Un-flath und Sünden ſeyn ſollen / kan ein vollkommner / und in ſeinem Glauben veſt gewurtzleter Catholiſcher Chriſt nit faſſen / wie man dann bey GOtt ein Lob ver-dienen könne? das klare Widerſpihl zeiget ſich Matth. 25. allwo der himmliſche Hausvatter vollſtändigſte Rechen-ſchafft von uns ſeinen Knechten / wegen deren anvertrau-ten Talent und Gaben erfordern / auch mithin duſſerſt Ver-langen tragen wirdet / zu befinden / was wir vermittelſt ſeiner Freygebigkeit / und treugeleiſter Vorge für einen

geiſt-

geiſtlich / unſerer Seelen wolerſprießlichen Wuecher ge=
macht haben/ befindet er daß diſe oder jenige ſich aus De=
mueth / unerachtet viler gethanen gueten Wercken / un=
nutze Knecht zu ſeyn genennt und bekeunt/ wird GOtt
der Allmächtige ſie eben darumben als getreue Knecht /
aufnemmen / und in die ewige Freud einlaſſen. Bey
ſolcher der Sach Bewandtnus dann die Gegner wol zue
zuſehen haben / indeme ſie die Belohnung des ewigen
Lebens von benen gueten Wercken abſtutzen/ und aus=
muſteren / daß dieſelbe nit mit dem trägen und untreuen
Knecht in die duſſerſte Finſternus verſtoſſen werden ;
zumalen gleich auf eben diſe Gleichnus in diſem Capitel
das jüngſte Gericht / allwo denen Guetsthuenden aus=
trucklich die ewige Belohnung verſprochen wird / er=
folget :

Sibender Einwurff.

AD Rom. 6. v. 23. ſagt Paulus: Der Sünde Sold iſt der
der Tod / die Gnad Gottes aber das ewige Leben /
Ergo wird der Tod gegeben der Sünd als ein Beloh=
nung/ das ewige Leben aber umbſonſt und aus Gnaden.

Antwort. Das ewige Leben wird deſſentwegen ei=
ne Gnad betitlet/ alldieweilen unſere Werck / als welchen
erſtbemelte Gnad mitgetheilet wird / nit aus unſeren
Kräfften / ſondern mittelſt der Gnad Gottes ihre Thät=
lichkeit und Vollziehung erlangen/ Krafft der Lehr Augu-
ſtini de gratia, & lib. arbit. cap. 8. Da er ſchreibt: Unſer
guetes Leben iſt nichts anders als ein Gnad Gottes /
dahero und ſolchem nach auch iſt das ewige Leben / ſo
denen Gueten an Belohnungs ſtatt gegeben wird /
eine Gnad. Fürbas in der 105. Epiſtel lehret er noch
klärer / ſagend: Daß ewige Leben wird fürwahr denen

vorhergehenden Verdiensten mitgetheilet/ und aber/ weilen nichtsdestoweniger eben dise Verdienst nit aus unserer Macht/ sondern durch die Gnad gewircket werden/
als wird dannenhero recht und billich das ewige Leben
ein Gnad gennenet. Umb solches leichter zu fassen/ die-
net folgende Gleichnus: Gesetzt/ es schenckte mir einer ein
Stuck Gelt/ ich aber kauffte umb eben dises Quantum dem
guetwilligen Geber ein Haus ab/ ein solcher Kauff Zweifels ohne wäre ein Gerechtigkeit/ und zugleich ein Gnad/
ein Gnad/ sprich ich/ wegen des aus Gnaden verehrten
Geltes/ ein Gerechtigkeit hingegen/ umb willen rechtmässiger Verwechslung des gegebenen/ und empfangenen.
    Eben solcher gestallten ertheilet GOtt einem jeden
die Talent seiner Gnaden/ auf daß man darmit nach
freyem Belieben schalten/ handlen und wandlen/ auch
Guetes wircken/ und folglich das ewige Leben verdienen
möge. Ein solcher Handelsmann in gleichem ware
Paulus, wie er von sich selbst 1. Corinth. 15. scheinen lasset
laut folgenden Worten: Durch die Gnad bin ich/ was
ich bin/ und sein Gnad ist in mir nit vergeblich gewe-
sen/ sondern ich habe mehr gearbeitet dann sie alle/ nit
aber ich/ sondern die Gnad Gottes mit mir. Aus deme dann genauist zu beobachten/ wie daß Paulus zwar alles der Gnad zueschreibe/ jedoch sich und sein Mitwirckung nit ausschliessend/ gibt er männiglich heiter und
klar zu verstehen/ also gearbeitet zu haben/ daß die Gnad
in ihme nit seye vergeblich gewesen/ und also er nit allein/
sondern die Gnad habe diß/ was er ihm Werck erzeiget/
mit ihme gewircket ; wollen unsere Gegner hierinn ein
wenig die Vernunfft aufthuen/ müessen sie beydes/ Werck
und Gnad/ zuelassen/ und unser Mitwircken als vor Gott
verdienstlich für genehm halten/ bevorab/ weillen solches
                                                          in

in der Gnad Gottes gegründet / und vest gewurtzlet ist.
Demnach so können wir ja frey sagen / daß das ewige Leben wahrhafftig seye ein Gnad Gottes / alldieweilen unsere guete Werck / aus bemelter Gnad / so ihnen mitgetheilet / ihr vollkommenes Esse und Wesenheit an sich ziehen.
Deme anhängig so ist aus heiliger Schrifft nit weniger
auch bekannt / wasmassen das ewige Leben unseren Wercken als ein Belohnung / und zwar aus theurem Ver-
sprech-n unsers Heylands selbsten und dessen Gerechtigkeit zuerkannt werde; welchen zweyfachen Verstand der
H. Augustinus de grat. & lib. arb. cap. 9. kurtz / aber nach-
drucklich an Tag leget: Dessentwegen / sagt er / kröne
uns GOtt in Barmhertzigkeit / nit als wann unsern
ugeten Wercken die Kron nit gegeben wurde / sondern
weilen wir aus seiner Barmhertzigkeit Guetes wircken / Krafft dero obbesagte Kron gegeben wird.   Auf
eben dise Art Augustini lib. cit. cap. 8. hätte Paulus lehren dörffen; das ewige Leben ist der Sold der Gerechtigkeit / so ihme aber zu Ende ein anders beliebet / und gesagt /
das ewige Leben ist ein Gnad / schreibet angezogener Augustinus, daß wir hieraus verstehen sollen / daß die guete
Werck selbsten / mittelst dero wir das ewige Leben verdienen / unmittelbar zur Gnad Gottes gehören.   Und
difes ist die unfürdenckliche alte Lehr deren HH. Vättern / welche ein solches zu glauben in Concil. Trident. Sess.
6. cap. 16. durch nachfolgende Formalien höchsteiferig an-
befohlen: Das ewige Leben mueß / und solle man halten vor eine Gnad / so denen Kindern Gottes barmher-
tziglich versprochen / und zugleich für eine Lohn / so denen
Verdiensten der gueten Wercken / wird gegeben wer-

den.

den. Hieraus ersehen die Gegner / wie daß man Catholischer Seits allermassen geflissen seye / die Schrifft welche jezuweilen dem Ansehen oder blossen Buchstaben nach einige Discrepanz oder Widerstrebung fürbildet / nach unfehlbarer und zumalen von dem H. Geist selbsten eingeflößten Lehr deren HH. Vättern / mit andern Stellen der H. Schrifft zu vereinigen / welches zu thuen hingegen die Nebenglaubige mit nichten vermögen / weilen sie ein solches ausser allen Verstand ziehen / so doch kein geringes Zeichen ist / ihren groben Fehler mit Händen greiffen zu können.

Achter Vorwurff.

UNsere Verdienst schwächen die Verdienst Christi / alswann sein bitteres Leiden und Sterben nit kräfftig genueg wäre / daß er auch noch unserer Wercken vonnöthen hätte.

Antwort. Nit allein nit thuen die guete Werck derer Catholischen die Herrlichkeit und Verdienst Christi verringern / sondern dieselbe vergrössern / und in allem herrlich- und fürtrefflicher machen; gestallten wir nit lehren / gleichsam als bedärffe Christi Leiden unsers Verdiensts / dann der HErr hat durch seinen Tod GOtt dem Vatter die Schuld unserer Sünden bezahlet / und dannoch uns unserer Seelen-Kranckheit zu heilen fürtreffliche Mittel hinterlassen / ja noch darzue verschaffen / daß wir nit allein vom Tod der Sünden zum Leben berueffen wurden / sondern daß wir umb so stärcker und behertzter wären / alles zu übertragen / und endlich unseren Wercken die Würdigkeit verlihen wurde / das ewige Leben zu verdienen.

Neunter

OB Jemand kan die erste Gnad verdienen/ durch welche er zum Kind Gottes wird auffgenommen/ ind:me ab:t einer ein Kind Gottes ist/ hat er Recht zum Erbtheil des ewigen Lebens/ nach dem Spruch ad Rom. 8. v. 17. So wir Kinder/ seynd wir auch Erben. Ergo verdienet niemand das ewigen Lebens/ durch seine Werck zu denen ihme aus Gnaden ist Recht gegeben.

Antwort. Es ist zwar nit ohne/ daß ein rechtmässiger Sohn habe das Recht zu seiner Zeit die ihme erblich anerwachsene Erbs-Portion zu empfangen/ dafern er anderst geleistet/ dahin er durch das Gesatz der Adoption oder aufnemmung an Kindes-statt verpflicht ware. Dannenhero der H. Paulus nit vergeblich gleich sobald auf angezogenen Vers ⸺, bedinglicher massen anführet/ mit vermelden: Jedoch so wir mit ihm leiden/ damit wir auch mit ihme herrschen. Sintemalen wir keine Künder von Natur/ sondern/ wie gemelt/ nur an Kindsstatt aufgenommen seynd/ derowegen unserer Pflicht gemäß/ als gehorsamen Kindern eigen/ und gebühren will/ uns in allem fromm und tugendsamlich aufzuführen; und zwar auf Weis/ gleichwie etwan ein Reicher einen Armen an Kindsstatt aufnemmet und ex asse zu einem vollmächtigen Erben einsetzet/ jedoch mit disem Reservat und Beding/ daß/ so lang er lebe ein solcher gewise Dienst leiste/ auf erfolg dessen dann/ je mehr und williger er solches præstiren werde/ auch ihme gleichermassen das Erbtheil vermehret werden solle; im fall er aber in Sachen sich saum- und nachlässig erzeigen wurde/ er alsdann nit allein seines Erbtheils/ sondern so gar der Kindschafft beraubet seyn solle. Es könte zwar ein solcher aufgenom-

F 3

mener

mener Sohn einwenden / wie daß er durch seine treue
Dienstleistung das Erbtheil erlanget hätte/ aber nit we=
gen der Natur und Art des Diensts/ sondern/weil sotha=
ner Dienst mit Beding und Verheissung/daß er alsdann
auf dessen Erfolg zu dem Erbtheil ohne Hindernus ge=
lassen werde/gepflogen worden.

Eben also enthält sich die Sach mit uns Menschen/
die wir von GOtt als Kinder an= und aufgenommen /
mit Beding/ daß / dafern wir des versprochenen Erb=
theils habhafft werden wollen / wir beforderist befliffen
seyn müessen/ ihme in Heilig= und Gerechtigkeit Lebens
lang zu dienen/seine Gebot zu halten/ Krafft deren Wor=
ten/ willst du zum Leben eingehen / oder dasselbe eröredt=
lich erlangen/ so halte die Gebot/ liebe den Vatter; dann/
der da ist so mich liebet/ der haltet meine Gebot/ 2c. Und
widerumb/ im fall einer/ ehe er etwas Guetes zu thun
fähig ware/ von diser Welt (wie solches bey unmündigen
getaufften Kindern öffters beschihet) hinscheidete / über=
kommet ein solcher nichtsdestoweniger das ewige Leben /
umb willen er ein Kind gewesen/ so des Vatters seinem
Gebot nit widerstrebet/ zu malen/ ob nun wol ein solche
Creatur durch plötzlichen Tod hingerissen und seinem
Versprechen gemäß denen Geboten zu gehorsamen ver=
hinderet worden/ wird ungehindert dessen ihro dannoch
der Himmel unter dem Titel einer rechtmäffigen zuefal=
lenden Erbschafft / nit aber als ein Belohnung oder
Kron der Gerechtigkeit (wie es Paulus nennet) zuerkant.
Ist demnach zu Genüegen erwisen/ daß wir das Recht
die Erbschafft zu verdienen / lediglich umbsonst und aus
Gnaden Krafft der Adoption erlangt/ aber sothauen An=
theil offtberührter Erbschafft allererst im andern Leben
nach Ermäffigung je vergrösserter wir denselben zu em=
pfangen haben.

Folgen

Folgen etliche Motiva und Urſachen / welche ein Gewiſſenhafftes / und Wahrheit liebendes Gemüeth zu der wahren Catholiſchen Kirchen führen und anleiten können / und ſollen.

I.

WEilen die Römiſch-Catholiſche Kirch ihre ordentliche Succeſſion ſo wol in der Lehr / als den Hirten und Lehrern von Chriſti und der Apoſtlen Zeit biß auf diſe heutige Stund beweiſen kan / dergeſtalt auch / daß ſie aus den Schrifften der heiligen Vätter und Kirchenlehrer klärlich zeiget und darthuet / daß in den erſten fünffhundert Jahren nach Chriſti Himmelfahrt alles das jenig ſey glaubt und gelehrt worden / was heutiges Tags die Catholiſchen glauben und lehren: Die Lutheraner aber und Reformierten keinen einzigen Hirten oder Lehrer ihrer Religion / welcher vor Lutheri und Calvini Zeiten auf Lutheriſch oder Reformiert das Evangelium geprediget und die Sacramenta adminiſtriert hätte / nahmhafft machen ; noch aus den Schrifften der Vätter der erſten fünffhundert Jahren beweiſen können / daß ihre Lehr und Glaub mit deren Lehr übereinſtimme ; ſo ſchlieſſet ſich daraus unfehlbarlich / daß bey den Catholiſchen / und nit denen Lutheranern der rechte / reine / alleinſeeligmachende Glaub verhanden ſeye. Sagen aber irgend die Lutheraner / ſolcher Beweis ſey ihnen nit nöthig ; es ſey gnueg / daß ihre Lehr mit den Schrifften der Apoſtlen einſtimme / ſo kan ihnen ſolches nit helffen ; es ſeye dann / daß ſie mit einem beſondern Fundament demonſtrieren und bekräfftigen / daß ihr Glaub beſſer mit der Apoſtlen Schrifften übereinkomme / als der Reformierten / Widertäuffer / und aller andern neuen Secten ;

welche

welche sich eben so starck auf die Schrifften der Apostlen beziehen / als die Lutheraner; und gleichwol von disen verdammet werden.

II.

Weilen alle / die nach der Apostel Tod zum Christlichen Glauben bekehrte Königreich und Länder / durch Catholische Bischöffe und Priester seynd bekehrt worden : da hingegen die Lutheraner nit ein einziges Heydnisches Land / nit eine Stadt / ja keinen Menschen benahmsen können / den sie zum Christlichen Glauben bekehrt haben; und dahero auch den Spruch Christi Marci 16. v. 15. Gehet hin in alle Welt und prediget das Evangelium allen Creaturen / auf sich nit denten können.

III.

Weilen bey Bekehrung der Heyden / und sonsten vil grosse wahre Wunder-Zeichen durch die Allmacht Gottes von den Catholischen Priestern zu Bekräfftigung ihrer Lehr und Beförderung der Ungläubigen Bekehrung / offentlich vor aller Menschen Augen geschehen seynd : da hingegen die Lutheraner nit ein einziges Wunderwerck / das zu Bekräfftigung ihrer Lehr jemalen geschehen wäre / beybringen können; und dahero sie auch der Spruch Christi Matth. 10. v. 8. nit angehet / da er sagt : Machet die Krancken gesund / reiniget die Aussätzigen / erwecket die Todten und treibet die Teufel aus. Will aber ein oder ander Theil der Gegneren die Wunderwerck der Apostlen zu Bäßtettigung seiner Lehr und Kirchen anziehen / und dieselbige vor andern daraus glaublich machen / so mueß er zuvorderst klärlich

klärlich beweisen / daß sie ihme eigentlicher und wahr=
hafftiger zuekommen / als den jetzigen / deren Lehr er ver=
wirfft und für unrecht haltet.

I V.

Weilen die Römisch=Catholische Kirch / so weit sich
ihr Glaub in der gantzen Welt erstrecket / in allen Glau=
bens Articulen einig / und / gleich wie Rabe 4 carn. ge=
lehret Lehrt / ein Hertz und ein Seel / auch nach
der Lehr des Apostels Pauli Rom. 15. v. 6. einhellig
mit einem Mund preiset den Vatter, unsers HErrn
JEsu Christi: da hingegen nit allein zwischen den
Lutheranern und Reformierten unversöhnliche Reli=
gionsstrittigkeiten sich befinden; sondern auch die Luthe=
raner so wol / als die Reformierten / unter sich selbsten
in gar vil Secten zertheilet seynd; und einer den andern
so grosser Irrthumen in öffentlichen Schrifften / und auf
den Kantzlen beschuldiget / daß daraus leichtlich abzu=
nemmen ist / daß ihre Kirchen / wie auch deren Hirten
und Lehrer/ nit durch den Geist der Wahrheit/ der Liebe/
und Einigkeit getrieben und regieret werden ; Da doch
GOtt ein GOtt des Fridens und der Einigkeit / und
nit ein GOtt des Streits und der Uneinigkeit ist.

V.

Weilen die Lehrer der Römischen Catholischen Kir=
chen die reine Lehr Christi jederzeit vertheidiget / die Ket=
zer bestritten/ überwunden und durch offentliche Concilia
verdammet haben : Da hingegen die Luterische nit be=
weisen können / daß durch die Lutherische oder Refor=
mierte Lehrer einige Ketzerey ... bestritten / und ver=
dammet

dammet; oder ein einziges Lutherisches oder Reformirtes Concilium in der gantzen Welt gehalten worden.

VI.

Weilen die Römische Catholische Kirch die älteste / und von den Aposteln gestifftet ist; und die Evangelische/ wie vorhin alle andere Ketzer / von deroselben ausgangen seynd: Dann gleichwie die Wahrheit älter ist / als die Lugen / also ist auch die wahre Kirch älter/ als die falsche: und kan nimmer die wahre Kirch aus der Ketzerischen / sondern es muß die Ketzerische aus der wahren entstehen und ihren Ausgang nemmen. Dahero der Apostel Joan. 1. cap. 2. v. 19. sagt: Sie seynd von uns ausgangen: dann sie waren nit von uns: Wo sie von uns gewesen wären / so wären sie ja bey uns bliben: Aber auf daß sie offenbar worden/ daß sie nit von uns seynd.

VII.

Weilen kein Glaubens Articul der Römisch-Catholischen Kirchen jemalen von den heiligen Vättern ist verworffen/ oder durch ein rechtmässiges Concilium verdammet worden: Da hingegen mehrentheils der Lutherischen und Reformierten Glaubens-Articul von gantzen Conciliis und vilen heiligen Vättern / an den alten Ketzern (wie die Catholische in offentlichen Schrifften solches zum öfftern bewisen haben /) seynd verdammet und verworffen worden.

VIII.

Weilen die Römische Catholische Kirch gar vil heilige Martyrer nahmhafft machen kan / welche alle wegen der offentlichen Bekanntnus deß Catholischen Glaubens ihr Leben gelassen / und die Marterkron erlangt haben : Dahingegen die Lutherische nit einen einzigen Menschen nennen können / der vor Lutheri und Calvini Zeiten die Lutherische und Reformierte Religion offentlich bekannt / und derenthalben zum Martyrer worden wäre. Wollen sich die Lutherischen auf ihren Catalogum testiam veritatis, und die Reformierten auf ihre Marter-Bücher beziehen / so kommen sie darmit gewaltig zu kurtz : Sintemalen sich darinn vil Päbst / Bischöff / Prälaten / Mönch und Einsidler befinden / welchen nie von den Lutherischen oder Reformierten Glaubens Articulen im geringsten getraumet hat. Vermeinen sie aber rechte Martyrer auf ihre Seiten beyzubringen / so müssen die Lutherische solche / die recht Lutherisch ; und die Reformierte / die recht heutiges Tags reformiert geglaubt haben / nahmhafft machen.

I X.

Weilen die Römische Kirch den Nahmen / Catholisch / vor allen andern Kirchen von der Apostlen Zeit biß auf dise Stund erhalten / und ihr Lehr in die gantze Welt ausgebreitet hat ; da hingegen die Lutherische und Reformierte Kirchen sich nur in etlich wenige Länder und Provincien erstrecken / und ihnen dahero den Nahmen / Catholisch / nit zueeignen dörffen / sondern selbigen gern der Römischen lassen / dergestallt auch / daß wann man kommet in Lutherische oder Reformierte Städt / da zugleich Römisch-Catholische Kirchen seynd / und die Kinder auf der Gassen nach der Catholischen Kirchen fraget / sie einem kein andere / als dieselbe / darinn der Römische Catholische Gottesdienst geübet wird / zeigen werden.

Wel-

Welcher Nahm Catholisch so hoch von dem H. Augustino geschätzt wird / daß er contra Epist. fundamenti, cap. 4. ihn unter die Haubt-Ursachen setzt / welche ihn bey der Catholischen Kirchen beständig zu beharren bewoget haben: seine wort seynd dise: Es seynd vil Ursachen die mich in der Schos der Catholischen Kirchen billich halten / als 1. Aller Völcker und Nationen Einhelligkeit in der Lehr. 2. Die sonderliche Authorität oder das Ansehen / so mit Wunderzeichen angefangen / mit Hoffnung gewiffet / in Liebe vermählet / und mit der Antiquität und Alter bestätiget. 3. Die ununterbrochene Succession und Herkommen der Priester von dem Stuhl des H. Petri (an deme Christus der HERR nach seiner Aufferstehung seine Schaaf zu weiden befohlen) biß auf gegenwärtigen Pabst Anastasium. 4. Der Nahm Catholisch / welchen nit ohne Ursach dise Kirch unter so vilen erhalten hat: dann / wiewol alle Secten Catholisch wollen genennt werden / so du gleich / wol irgend nach der Catholischen Kirchen fragest / wird dir kein andere als dise gewisen werden. So weit Augustinus. Hierauf wird gefragt / ob die Lutherische wol eine von obgemelten Ursachen können mit Fueg beybringen.

X.

Weilen alle in der ganzen Welt vor Lutheri und Calvini Zeiten zu der Ehr des höhsten Gottes fundierte Stifter / Klöster / Spitäler / Armen- und Weisenhäuser / auch so kostbare erbaute Kirchen / Capellen und Clausen von niemand anders / als von Römischen Catholischen Christen fundiert und aufgebauet seynd: Hingegen können weder die Lutheraner / noch die Reformierte nit ein einziges Stifft / Kloster / Spital / Armen- oder Weisenhaus / ja nit die geringste Kirch / Capell / oder Clausen zeigen /

gen/ die ihre Glaubensgenoffen vor hundert und achtzig Jahren gestifftet und gebauet haben. Daß aber an allen Orthen/ wo das Lutherische und Reformirte Evangelium bißkommen ist/ unglaublich viel Stiffter/ Klöster/
Kirchen und Clausen/ wider die Stifftung und Fundation
der alten seligen Gottsförchtigen Catholischen Chri-
sten/ verwüstet/ zerstöret/ umgerissen/ und deren In-
traden zu weltlichen Sachen verwendt worden/ solches
ist/ leyder/ weltkündig und höchlich zu beklagen.

X I.

Weilen die heutige Römische Kirch die H. Schrifft
anderst nit verstehet und ausleget/ als wie sie die heilige
Vätter und gantze Concilia in den ersten fünffhundert
Jahren nach Christi Himmelfahrt verstanden und ausgelegt haben: Da hingegen Lutherus und Calvinus diesel-
bige/ ein jeder auf ein besondere unter sich streitende Ma-
nier/ darvon die heilige Antiquität nichts gewußt hat/
auslegt und verstehet. Wer nun glauben will/ daß die
heilige Vätter blind gewesen seyen/ und den rechten
Verstand der Schrifft nit haben finden können/ Lutherus
aber und Calvinus allein sehend gewesen/ und nach fünf-
zehenhundert Jahren erst den rechten Verstand der
Schrifft gefunden haben/ der kan es thuen; meines theils
kan ichs mich ohne einen sonderlichen Beweiß schwerlich
bereden lassen.

X I I.

Weilen von der Apostel Zeiten biß auf Lutherum in
der gantzen Welt kein anderer wahrer Glaub zu finden
gewesen/ darinn das Evangelium anderst worden geprediget/ und die Sacramenten anders administriret worden/
als in dem Römischen Catholischen Glauben. Wissen
aber.

G 3

aber die Lutherische oder Reformirte den ihrigen / oder
einen andern (es muß aber sein verdammter Ketzerischer
sein) nahmhafft zu machen/ in was Land/ was Stadt/
Dorff oder Hauß er gewesen/ so werden sie gebetten solches ungesaumt zu thun / damit sie so vilen Menschen
auß dem Zweifel helffen. So lang sie aber solches nit
thuen werden/ können sie mich nit verdencken/ daß ich disen unfehlbaren Schluß mache: Entweder die Römisch-
Catholische Kirch ist die wahre/ allein seeligmachende
Kirch Christi / oder es ist in fünffzehenhundert Jahren
nach Christi Himmelfahrt kein wahre Kirch in der Welt
gewesen/ sintemalen ein andere/ als die Römische Catholische mir nit kan gezeiget oder nahmhafft gemacht
werden.

XIII.

Endlich/ weilen ein Römisch-Catholischer Christ
in seinem Sterbstündlein mit ruhigem Gewissen und ve-
stem Vertrauen die Seeligkeit zu erlangen von hinnen
scheiden kan/ nachdem er versichert ist/ daß er sich in der-
selbigen Kirchen und Religion befindet/ in welcher alle
die heilige Altvätter und Gottselige Martyrer (welche
die Evangelische selbst für seelig halten) mit allen vor Lutheri und Calvini Zeiten in der Welt gewesenen Gottsförchtigen Christen in das himlische Paradeis von hinnen abgeschiden seynd: Da hingegen die Evangelische keinen einzigen Menschen benennen können/ der vor Luthero
oder Calvino in ihrem Glauben seelig gestorben/ vil weniger seelig worden wäre: Und haben sich also in ihrem
Sterbstündlein keines andern Himmels zu getrösten/ als
des jenigen / darzu ihnen erst vor hundert und achtzig
Jahren von Luthero und Calvino der Weg gebahnt ist.

Be-

Beschlußß.

NUn wird der Lutherische Leser getreulichst erinnert /
re belieben wolle gegenwärtiges Tractätlein öff=
ters zu durchlesen / bevorab solches in etwas schwer
zu verstehen / und dahero seiner innerlichen Tugend und
Würdigkeit halber mit reiffestem Verstand wol und be=
dächtlich zu überlegen ist; wie nit weniger auch wird der=
selbe gebetten / all hierinn angezogene Stellen und Capi=
tul der H. Schrifft von selbsten aufzuschlagen / und ge=
gen einander zu halten / nit zweiflend er nit allein in sei=
nem Gemüeth begreiffen / sondern offentlich bekennen wer=
de / daß alle Schrifftstellen nach unfehlbarer Lehr deren
heiligen Apostlen und aller HH. Vättern ausgelegt / ci=
tiert / und wahrbeständigst angeführt / entgegen die Lu=
therische zu malen neu erdacht vermeinte Beweisthumen
die Rechtfertigung betreffend / gantz irrelevant , Boden=
loß / und ungegründet / ja falsch und Seelen=verderblich
zu achten seyen ; auf Entstehung solchen Scrupels oder
Zweifels alsdan / der geneigte Leser nit ablassen / seine Re=
ligion und Kirchen / so in dem Haubt=Articul der Recht=
fertigung gröblich irret / zu verlassen / oder auffs wenigste
für suspect zu halten / und von Tag zu Tag sich mehrers
erkundigen / und forschen wolle / welches seyen die alte
Weeg / die vorhin lang durch die heilige Apostel und vil
tausent andere Bluetzeugen Christi / welche jedesmals
die Seeligkeit nebst dem Glauben durch guete Werck als
ein Belohnung oder Sigßkrautz zu erringen verlanget /
ausgetretten worden / auf daß er finde Ruehe seiner See=
len Jerem 6 v. 16. so der Allerhöchste wolle geben al=
len irrenden Seelen / daß sie kehren zu der
Schos seiner wahren Kirchen /
A M E N.